又玄 高裕燮 全集 10

朝鮮金石學 草稿

又玄 高裕燮 全集 10

朝鮮金石學 草稿

資料—著述目錄·藏書目錄·又玄의 痕迹·寫眞年譜

悅話堂

일러두기

· 이 책은 저자가 개성부립박물관 관장으로 있던 1933년에서 1944년 사이에
  쓰여진 것으로 추정되는, 조선금석학 연구에 관한 미발표 유고(遺稿)를 엮은 것으로,
  동국대학교 도서관 소장 친필 원본과 함께 1964년 고고미술동인회에서
  등사본으로 발행한 『조선미술사료(朝鮮美術史料)』(고고미술자료 제10집)에 부록으로
  실려 있는 「조선금석학」을 저본으로 삼았다.
· 원문의 사료적 가치를 존중하여, 오늘날의 연구성과에 따라 드러난 내용상의 오류는
  가급적 그대로 두었으며, 명백하게 저자의 실수로 보이는 것만 바로잡거나 주(註)를 달았다.
· 저자의 글이 아닌, 인용 한문구절의 번역문은 작은 활자로 구분하여 싣고 편자주(編者註)에
  출처를 밝혔다. 이 중 출처가 없는 것은 한문학자 김종서(金鍾西)의 번역이다.
· 외래어는, 일본어는 일본어 발음대로, 중국어는 한자 음대로 표기했으며,
  그 밖의 외래어 표기는 현행 외래어표기법에 따랐다.
· 일본의 연호(年號)로 표기된 연도는 모두 서기(西紀) 연도로 바꾸었다.
· 원주(原註)는 1), 2), 3)…으로, 편자주(編者註)는 1, 2, 3…으로 구분하여 표기했다.
· 이 외의 편집에 관한 세부적인 내용은 「『조선금석학 초고』 발간에 부쳐」(pp.5-9)를
  참고하기 바란다.

The Complete Works of Ko Yu-seop, Volume 10
A Draft of Korean Epigraphy

This Volume is the tenth one in the 10-Volume Series of the complete works by
Ko Yu-seop (1905-1944), who was the first aesthetician and historian of Korean arts, active
during the Japanese colonial rule over Korea. This Volume contains author's unpublished
posthumous manuscript on a study of Korean epigraphy, presumed to have been written
sometime from 1933 to 1944. It comprises the definition, history, and data of epigraphy.
Also included in this Volume, which is the last one of the series, are the following
Appendices: "A Catalogue of Ko Yu-seop's Writings," "A Catalogue of Ko Yu-seop's
Collection of Books," "Drawings, Calligraphic Works, Manuscripts, and other Relics of
Ko Yu-seop," "A Pictorial Chronological Record of Ko Yu-seop," etc.

『朝鮮金石學 草稿』 발간에 부쳐

'又玄 高裕燮 全集'의 열번째 권을 선보이며

학문(學問)의 길은 고독하고 곤고(困苦)한 여정이다. 그 끝 간 데 없는 길가에는 선학(先學)들의 발자취 가득한 봉우리, 후학(後學)들이 딛고 넘어서야 할 산맥이 위의(威儀) 넘치게 자리하고 있다. 지난 시대, 특히 일제 치하에서의 그 길은 이루 말할 수 없이 험난하고 열악했으리라. 그러나 어려운 시기에도 우리 문화와 예술, 정신과 사상을 올곧게 세우는 데 천착했던 선구적 인물들이 있었으니, 오늘 우리가 누리는 학문과 예술은 지나온 역사에 아로새겨진 선인(先人)들의 피땀 어린 결실로 이루어진 것이다.

우현(又玄) 고유섭(高裕燮, 1905-1944) 선생은 그 수많았던 재사(才士)들 중에서도 우뚝 솟은 봉우리요 당당한 산맥이었다. 우리나라에서 최초로 미학과 미술사학을 전공하여 한국미학·미술사학의 굳건한 토대를 마련한, 한국미의 등불과 같은 존재였다. 그러나 해방과 전쟁·분단을 거쳐 오늘에 이르면서 고유섭이라는 이름은 역사의 뒤안길로 잊혀져 가고만 있다. 또한 우리의 미학과 미술사학, 오늘의 인문학은 근간을 백안시(白眼視)한 채 부유(浮遊)하고 있다. 이러한 때에, 우리는 2005년 선생의 탄신 백 주년에 즈음하여 '우현 고유섭 전집' 열 권을 기획했고, 2007년 12월 전집의 일차분 제1·2권 『조선미술사(朝鮮美術史)』상·하, 제7권 『송도(松都)의 고적(古蹟)』을 시작으로, 2010년 2월 이차분으로 제3·4권 『조선탑파(朝鮮塔婆)의 연구』상·하, 제5권 『고려청자(高麗靑瓷)』, 제6권 『조선건축미술사(朝鮮建築美術史)

초고(草稿)』를 선보였고, 오늘에 이르러 나머지 세 권인 제8권『미학(美學)과 미술평론(美術評論)』, 제9권『수상(隨想)·기행(紀行)·일기(日記)·시(詩)』, 제10권『조선금석학(朝鮮金石學) 초고(草稿)』를 상재(上梓)함으로써 '우현 고유섭 전집' 발간 대장정의 결실을 맺게 되었다.

마흔 해라는 짧은 생애에 선생이 남긴 업적은, 육십여 년이 흐른 지금에도 못다 정리될, 못다 해석될 방대하고 심오한 세계이지만, 원고의 정리와 주석, 도판의 선별, 그리고 편집·디자인·장정 등 모든 면에서 완정본(完整本)이 되도록 심혈을 기울여 꾸몄다. 부디 이 전집이, 오늘의 학문과 예술의 정신을 올바로 세우는 토대가 되고, 그리하여 점점 부박(浮薄)해지고 쇠퇴해 가는 인문학의 위상이 다시금 올곧게 설 수 있도록 해 주기를 바란다.

'우현 고유섭 전집'은 지금까지 발표 출간되었던 우현 선생의 글과 저서는 물론, 그동안 공개되지 않았던 미발표 유고, 도면 및 소묘, 그리고 소장하던 미술사 관련 유적·유물 사진 등 선생이 남긴 모든 업적을 한데 모아 엮었다.

전집의 열번째 권인 이 책『조선금석학 초고』는 우현 선생이 개성부립박물관 관장으로 재직하던 1933년에서 1944년 사이에 씌어진 것으로 추정되는데, 원래 강의를 위해 집필한 원고를 손질하여 출판하려 했으나 완성하지는 못한 유고(遺稿)를 엮은 것이다. 저자는 제목을 '조선금석학'이라 붙여 두었으나, 미완의 원고임을 감안하여 '조선금석학 초고'라 하였다.

이 책은 동국대학교 도서관 소장 친필 유고와 1964년 고고미술동인회에서 등사본으로 발행한『조선미술사료(朝鮮美術史料)』에 부록으로 수록되어 있던「조선금석학」을 저본으로 삼았다. 원문의 사료적 가치를 존중하여, 오늘날의 연구성과에 따라 드러난 내용상의 오류는 가급적 그대로 두었으며, 다만 분류체계가 맞지 않는 본문의 일부 소항목들의 순서를 바로잡았다.

우현 선생은 생전에 미술사 제반 분야를 연구하면서 당시 유물·유적을 담은 사진 수백 점을 소장해 왔는데, 이 중 몇몇 사진과 그 밖에 당시 문헌에 실린 사진들을 위주로 선별하여 해당 본문에 수록했고, 책 말미의 '도판목록'에 각 사진의 출처를 밝혀 두었다. 또한 책 앞부분에는 이 책에 관한 '해제'를 실었으며, 본문에 인용한 한문 구절은 기존의 번역을 인용하거나 새로 번역하여 원문과 구별되도록 작은 활자로 실어 주었다. 더불어 본문에 나오는 어려운 한자어·전문용어 등에 대한 약 여든 개의 '어휘풀이'를 수록했다.

현 세대의 독서감각에 맞도록 본문을 국한문 병기(倂記) 체제로 바꾸었고, 초고인 점을 감안하여 최대한 원문 그대로 두었으나, 일부 한자식 표기나 일본어식 표현은 문맥을 고려하여 매우 조심스럽게 우리말로 바꾸어 표기했다. 예를 들어 '-에 있어서'를 '-에서'로, '일 권여(權輿)'를 '한 권여(權輿)'로, '왈(曰)'을 '말하기를'로, '금재(今在)-'를 '지금 -에 있다'로, '금재기사(今在其寺)'를 '지금 이 절에 있다'로, '금재기사지(今在其寺址)'를 '지금 이 절터에 있다'로, '금무(今無)'를 '지금은 없다'로, '원재(元在)- 이금이우(而今移于)-'를 '원래 -에 있었으나, 지금은 -로 옮겼다'로 '원재(元在)- 금재(今在)-'를 '원래 -에 있었으나 지금은 -에 있다'로, 각각 바꾸었다. 또한 문헌상의 기록이 확실하지 않아 '乎' 또는 '歟'로 표기한 것은 '(?)'로 바꾸어 표기했다. 예컨대 '김정언(金廷彥) 찬호(撰乎)'는 '김정언(金廷彥) 찬(?)'으로, '문성왕대(文聖王代) 여(歟)'는 '문성왕대(文聖王代)(?)'로 바꾼 것 등이 그것이다.

'부(附)'로 수록한 「대각국사비(大覺國師碑)에 관하여」는 저자가 개성부립박물관 재직 시 박물관에 이 비의 탁본을 전시하면서 작성한 설명문으로 추정되며, '오관산(五冠山) 대화엄영통사(大華嚴靈通寺) 증시대각국사비(贈諡大覺國師碑)'라는 제목하에 일어(日語)로 집필되어 있던 것을 백태남(白泰男) 열화당 편집위원과 이기선(李基善) '우현 고유섭 전집' 편집위원이 함께 번역했다. 역시 일어로 집필돼 있던 것을 황수영(黃壽永) 선생이 번역한 「부도류(浮屠類)」는 뒤늦게 발견된 저자의 미발표 유고로, 우리나라 부도류에 관한 종류별 검토를 시도한 귀중한 자료이기에 덧붙여 수록했다.

한편, 전집의 마지막 권인 이 책의 말미에 부록 형식으로 저자의 저술목록(著述目錄)과 장서목록(藏書目錄)을 수록했고, 이와 함께 저자의 소묘(素描) 서른세 점, 유묵(遺墨) 두 점, 육필원고(肉筆原稿) 일곱 점, 유품(遺品) 열여덟 점으로 구성한 '우현의 흔적들'을 실었으며, 기존의 연보에 마흔 컷의 사진을 시간의 흐름에 따라 편집 수록했다.

편집자로서 행한 이러한 노력들이 행여 저자의 의도나 글의 순수함을 방해하거나 오전(誤傳)하지 않도록 조심에 조심을 거듭했으나, 혹여 잘못이 있다면 바로잡아지도록 강호제현(江湖諸賢)의 애정 어린 질정을 바란다.

이 책을 출간하기까지 많은 분들의 도움이 있었다. 우현 선생의 문도(門徒)인 초우(蕉雨) 황수영(黃壽永) 선생께서는 생전에 우현 선생 사후 그 방대한 양의 원고를 육십여 년 간 소중하게 간직해 오시면서 많은 유저(遺著)를 간행하셨을 뿐만 아니라, 미발표 원고 및 여러 자료들을 소중하게 보관해 오시다가, 이 모든 자료를 이번 전집 작업에 흔쾌히 제공해 주셨으니, 이 전집이 출간되기까지 황수영 선생께서 가장 큰 힘이 되어 주셨음을 밝히지 않을 수 없다. 수묵(樹默) 진홍섭(秦弘燮) 선생, 석남(石南) 이경성(李慶成) 선생, 그리고 우현 선생의 차녀 고병복(高秉福) 선생은 황수영 선생과 함께 우현 전집의 '자문위원'이 되어 주심으로써 큰 힘을 실어 주셨다.

그러나 애석하게도, 이경성 선생께서는 전집의 일차분 발간 후인 2009년 11월 별세하셨으며, 이차분 출간 후 2010년 11월 진홍섭 선생께서, 그리고 2011년 2월 황수영 선생께서 우리 곁을 떠나가셨다. 더불어 전집의 이차분 편집위원으로 함께해 주신 김희경(金禧庚) 선생께서도 2011년 10월 전집의 완간을 미처 보지 못하고 세상을 뜨셨다. 이 자리를 빌려 삼가 고인들의 명복을 빈다.

한편, 미술사학자인 정영호(鄭永鎬) 선생은 이 책의 해제를 써 주셨으며, 불교미술사학자 이기선(李基善) 선생은 전집 발간작업의 초기부터 함께해 주시어, 원고의 구성, 교정·교열, 어휘풀이 작성 등 많은 도움을 주셨다. 한문학자 김종서(金鍾西) 선생은 본문의 일부 한문 인용구절을 원전과 대조하여 번역해 주시고 어휘풀이 작성에 도움을 주셨다. 더불어 이 책의 책임편집은 조윤형(趙尹衡)·백태남(白泰男)이 담당했음을 밝혀 둔다.

황수영 선생께서 보관하던 우현 선생의 유고 및 자료들을 오래 전부터 넘겨받아 보관해 오던 동국대학교 도서관에서는, 전집 발간을 위한 원고와 자료 사용에 적극적으로 협조해 주었다. 동국대 도서관 측에도 이 자리를 빌려 감사드린다.

인천은 우현 선생이 태어나서 자란 고향으로, 이러한 인연으로 인천문화재단에서 이번 전집의 간행에 동참하여 출간비용 일부를 지원해 주었으며, GS칼텍스재단에서도 이 전집의 출간에 뜻을 같이하여 출간비용의 일부를 지원해 주었다. 또한 이번 전집 삼차분 세 권 발간에 즈음하여 하나은행에서 출간비용의 일부를 지원해 줌으로써 큰 힘을 실어 주었으며, 2012년 6월 김세중기념사업회에서는 '우현 고유섭 전집' 출간의 공로를 인정하여 제15회 한국미술저작·출판상을 열화당 발행인에게 수상함으로써 전집 발간에 큰 용기를 주었다. 인천문화재단 초대 대표 최원식(崔元植) 교수와 현 강광(姜光) 대표, GS칼텍스 허동수(許東秀) 회장, 하나금융그룹 김정태(金正泰) 회장과 하나은행 김종준(金宗俊) 은행장, 김세중기념사업회 김남조(金南祚) 이사장께 이 자리를 빌려 다시 한번 깊이 감사드린다.

2013년 2월
열화당

解題
한국금석학 연구의 첫걸음

정영호(鄭永鎬) 미술사학자

우현(又玄) 고유섭(高裕燮) 선생은 일찍이 한국미술사 연구의 개척자로 알려져 있다. 일제강점기에 한국인 박물관장으로는 오직 우현 선생 한 분이었다. 당시 우리 민족의 조형미술은 우리의 손으로, 우리들의 힘으로 찾고 가꾸어 가야 한다는 깊고도 큰 일념으로 우리의 유적·유물을 조사 연구하여 수백 편의 논고(論攷)를 남기시고 이 중에서 십여 권의 저서가 사후에 발행되었으니, 과연 한국미술사의 창시자로 추앙하게 되는 것이다. 그리고 선생의 논저(論著)는 우리의 조형미술들을 고찰함에 있어 유적·유물 그 자체의 검토는 물론, 관찰의 앞뒤로 관계 문헌자료들을 광범위하게 섭렵하여, 때로는 역사적 사실을 밝히고 있어 문화사(文化史) 혹은 역사 저술로도 높이 평가되고 있다.

　미술사를 논하되 건축·조각·회화·공예의 전 분야에 걸친 전 시대는 물론이고, 석기시대와 청동기시대〔금석병용기(金石倂用期)라고 칭하였음〕의 조형예술까지도 '제(題)'하여 논고를 정리하였으니, 실로 '고고미술(考古美術)'의 선각자로서의 업적과 위공(偉功)은 영원할 것이다. 그런데 한편, '금석학(金石學)'에까지 연구를 펼쳐 몇 가지의 고찰, 몇 편의 논고 내용들을 참관할 수 있음은 다시 한번 놀라게 한다. 그것은 일반적으로 우현 선생의 연구 범위가 조형적인 것에 한한 줄만 알고 있었던바, '금석학'은 금석문(金

石文), 즉 한자·한문학의 연구가 중심이기 때문에 선생의 연구가 여기까지 미치었다는, 박학적(博學的)인 학문 연구가 실로 광범위하다는 점에 놀라울 따름이다.

선생께서 이 책『조선금석학(朝鮮金石學) 초고(草稿)』「서(序)」에서도 언급하였듯이 연구 완성의 대작(大作)은 아니라 하였다. 그것은 다른 분야도 같은 연유인데, 아마도 재세(在世) 기간이 사십 세로 너무나 짧았기 때문이었던 것 같다. 「서」에서 몇 가지 심회를 살펴보면,

일찍이 금석문(金石文)에 대하여 유의(留意)한 바 없지 않았으나 적극적으로 전위(專爲)하여 연구하지 않았다가… 선학(先學) 대가(大家)가 계심에 불고(不顧)하고 비재(菲才)가 감히 담당케 된 것은 분을 넘어 모르는 경거(輕擧)의 소치(所致)였으나, 그러나 필자의 소기(所期)는… 독자 제씨(諸氏)와 함께 연구하기 시작하고 배우기 시작하려는 단순한 욕망에서 이 대임(大任)을 수락하였을 뿐이요, 결코 독자 제씨께 감히 지도(指導)라든지 수교(授敎)의 의미를 갖고 집필함이 아님을 양찰(諒察)하기 바라는 바이다. 더욱이 이 학문은 아직도 방법론이라든지 체계라든지 확립한 학문이라 볼 수 없어….

로 첫머리를 옮길 수 있는데, 다음에 이어지는 내용을 보면, "금석학이란 어떠한 의미를 갖고 어떠한 역사를 갖고 어떠한 종류가 있는가를 우선 개념적으로" 알아야 할 것임을 강조하고 있으니, 선생의 뜻한 바를 이 글에서 쉽게 알 수 있다. 그러므로 '금석학 연구의 첫걸음'이라 해도 곧 알고 이해할 수 있을 것인바, 이와 같은 연구 내용이 곧 광복 후 후학에게 알려져 초우(蕉雨) 황수영(黃壽永) 박사의 본격적인 금석학 연구가 비롯되었으며, 오늘날 다시 후학들에게 전달되고 있는 것이다.

초우 선생은 우현 선생의 수제자로, 은사(恩師)의 유저(遺著) 열 권을 편집 발행하였다. 우현 선생의 이 책『조선금석학 초고』도 초우 선생께서 정리하여 '고고미술자료(考古美術資料) 제10집'으로『조선미술사료(朝鮮美術史料)』〔고유섭 유저 기이(其二)〕에 수록하였던 것이다.〔필자가 간사로 있었던 고고미술동인회(考古美術同人會)에서 1966년 2월 15일 백 부 한정본으로 유인(油印) 발행하였음〕그런데 이『조선미술사료』에서도 말미 부분에 '부록'으로 게재하였으니, 여기에는 역시 다음과 같은 연유가 있는 것이다. 즉 권두의 범례에서 밝혔듯이 우현 선생의 '조선금석학'은 "완고(完稿)는 아니나 이 부문 유일의 유문(遺文)이므로" '부록'으로라도 게재하여 학계에 내놓고자 하였던 것이고, "집필 연대는 선생의 개성박물관 재직기(1933-1944)로 생각된다"고 추정하고 있다. 이와 같은 모든 점과 연구 상황 등을 종합해 보면, 당시 우현 선생의 금석학 연구는 완성된 원고는 아니나, 선생의 제논고(諸論攷) 중에서 유일한 조선금석학 연구일 뿐만 아니라 당시 한국인 학자로서도 금석학 연구의 유일한 독보적인 위치에 있었으므로, 이 논고가 비록 미완이었어도 수록하였던 것이다.

그리하여 우리의 손으로 금석문을 연구하는 학풍이 아직은 미연(未然)하므로, 초우 선생께서는 은사의 뜻을 받들어 금석학 연구를 입지(立志)하여 꾸준한 자료 수집과 조사 연구에 일념함으로써 금석문의 집성에 온 정열을 바칠 수 있었다. 즉, 초우 선생은 1948년 여름, 당시 국립박물관 학예감(學藝監) 시절, 부여읍의 부소산(扶蘇山) 남록(南麓)의 돌더미 속에서 사택지적비(砂宅智積碑)를 찾아내어 초유의 백제 금석문을 정리함을 필두로, 1954년 동국대학교에 좌정(坐定)하신 이후 전국을 대상으로 유적·유물을 조사 연구하면서 새로운 금석문 자료를 수집 연구하여 마침내『금석유문(金石遺文)』을 '고고미술자료 제2집'으로 간행하게 되었던 것이다.(역시 필자가 간사로 있었던 고고미술동인회에서 1963년 백 부 한정본으로 유인 발행하였음) 이러한 학문적 성과는 오로지 은사로부터의 감화와 그 뜻을 받든 초우 선생의 혜성(慧性)과 열정에서 비롯된 결과라 하겠다.

초우 선생의 1963년도 『금석유문』은 광복 후 새로운 금석문들을 집성한 것인데, 이후 계속하여 새 자료의 색출로 자료가 증가되어 『속금석유문(續 金石遺文)』이 발행되었으나, 역시 유인(油印) 백 부로는 매년 수집되는 금석 문과 이 방면 연구 학도(學徒)의 증원으로 충당이 어려워졌고, 이에 일지사 〔一志社, 당시 발행인 김성재(金聖哉)〕에서 활자본으로 1976년 4월 초판 발 행되었다. 이후 해마다 증가 수집되는 새로운 내용들을 첨가, 증보하여, 1994년 1월에는 5판 1쇄의 『한국금석유문(韓國金石遺文)』이 발행된 바 있 으며, 이후 상당한 내용의 금석문이 새로이 출세(出世), 조사되고 있어 우리 후학들이 추보(追補)할 계획으로 모든 일을 추진하고 있다.

이와 같은 사실에서 상고(詳考)해 볼 때, 오늘날 우리들의 금석학 연구는 초우 선생으로부터 전수(傳受) 혹은 모든 자료까지 송두리째 넘겨져 이어받 고 있으니, 또 초우 선생의 '금석학 연구의 집념'이 곧 우현 선생으로부터의 감화, 계승이었을진대, 오늘의 한국금석학 연구는 우현 선생으로부터라 해 도 과언이 아닌 것이다. 이러한 사실은 일지사 발행 『한국금석유문』의 편자 발문(跋文)에서 초우 선생이 언급한 내용에서 쉽게 알 수 있으니, 이는 다음 과 같다.

편자가 금석문에 대한 관심을 갖게 된 것 또한 은사 고유섭 선생의 인도 (引導)를 따른 것이라고 생각한다. 1940년을 전후하여 선생의 개성박물관 재직 만 십 년간의 후반 시절, 편자가 여름에 귀향하는 학창휴가(學窓休暇) 에는 거의 매일같이 자남산(子男山)에 자리 잡은 박물관으로 선생을 찾았었 다.〔이때 초우 선생은 일본의 도쿄제국대학(東京帝國大學)에 재학 중이었 음―필자〕이때쯤 어느 해 여름인가 선생의 송도고적(松都古蹟)의 조사와

고비탑본(古碑榻本)을 목적으로 한 개풍군(開豊郡) 영남면(嶺南面) 일대의 사적(寺蹟) 답사에 수일간 선생을 따라나섰다. 그때 첫날은 현화사비(玄化寺碑)를 탑본(榻本)하고 나아가 영통사지(靈通寺址)에 이르러 일박(一泊)하였고, 익일 대각국사비(大覺國師碑)를 마치고 다시 화장사(華臧寺)를 찾아 일박하고 귀로에 오룡사지(五龍寺址)에서 법경대사보조혜광탑비(法鏡大師普照慧光塔碑)를 찍은 일이 있었다. 모두 황폐한 사지(寺址)라 탑본을 하기 위하여서는 원근(遠近)의 촌가(村家)를 찾아 사다리를 구하여야만 하였고, 습탑(濕榻)은 선생이 마련하시기에 밑에서 먹 갈기와 낡은 사다리를 잡는 것이 나의 일이었다. 고려비(高麗碑)의 탑본이 선생의 빠른 솜씨로써 이루어짐을 밑에서 지켜보던 일… 이때 마련된 영통·현화 양사비(兩寺碑)의 탑본은 그 후 표구되어서 개성박물관 진열실에 걸렸는데, 그들을 대할 때마다 자랑과 후회가 따르기도 하였었다. 아마도 이같은, 나의 학생시절 선생을 따르던 여비(麗碑)와 사지(寺址) 등 순방이 나의 금석문에 대한 남다른 집념의 싹이 되었을 것이다.

앞의 내용에서 초우 선생이 우현 선생을 모시고 탑영(榻影)을 진행하던 때의 이 일 저 일들은, 필자가 1953년 이래 2011년 2월 1일 초우 선생께서 타계하실 때까지 육십 년간 은사님을 따라, 또는 모시고, 사지(寺址)에서 혹은 고적지역(古蹟地域)을 답사하면서 유적·유물을 조사하고 탑영을 실시하던 일들과 어쩌면 그렇게 같은 상황이었는지, 우현 선생을 모셨던 초우 선생의 그 당시의 모습을 눈앞에 보는 듯 쉽게 짐작된다.

초우 선생은 우현 선생의 「조선금석학」은 미완이므로 '부록'으로 수록하였다고 하나, 그 내용으로 보면 본문에 포함시켜도 전혀 손색이 없을 것 같다. 그것은 한국의 금석학을 이해하는 데 충분하며, 자료가 풍부하기 때문이다. 내용을 살펴보면, 첫머리에 「서(序)」라 하여 조선금석학을 집필하게 된 동기를 우선 언급하고, 다음으로 비록 미완이나 앞날의 후학들에게 겸손한 교훈을 주고 있어 선생의 금석학에 대한 혜지(慧智)에 머리를 숙이게 한다.

본론에서는 '금석학의 의의'를 논하고 다음으로 '금석학의 역사'를 살펴보았으며, '금석학의 자료'에서는 내용의 광범위함을 알게 한다. 즉 인(印)과 봉니(封泥), 와(瓦)와 전(塼), 화전(貨錢), 이기류(彛器類), 이기류(利器類), 칠기류(漆器類), 묘지(墓誌) ―고구려 천남생묘지(泉男生墓誌), 백제 부여융묘지(扶餘隆墓誌), 고구려 천남산묘지(泉男産墓誌)―, 경감류(鏡鑑類), 석각류(石刻類) 들을 실제 예거(列擧)하며 논하고 있다. 또한 석재(石材)에 양각 혹은 음각한 명문(銘文)은 석각(石刻)·마애석각(磨崖石刻)·석기각(石器刻)·석경류(石經類)·석주기(石柱記)·석등기(石燈記)·석각잡류(石刻雜類)·표주석각(標柱石刻)·석탑기(石塔記)·탑지류(塔誌類) 등으로 구분하여 각기 그에 속하는 유물들의 명문(銘文)을 고찰하였다. 그리고 말미에는 탑비(塔碑)·사찰기적비류(寺刹記蹟碑類)·순수척경강계비갈(巡狩拓境彊界碑碣)·조상기류(造像記類)를 검토하였다.

첫 장에서 순서대로 금석학의 의의를 논하였는데, 역시 금석(金石)이라 하여 문자 그대로 금속(金屬)과 석류(石類)를 말함이 아니며, 곧 길금정석(吉金貞石)으로, 길금은 길례(吉禮)에 사용하는 금속기(金屬器)를 말하고, 정석은 비갈(碑碣)과 같이 후곤(後昆)들에게 영원히 전할 수 있는 견석(堅石)을 말함이니, 이러한 길금·정석에 각자(刻字)한 것, 문자가 곧 금석문이라는 것이다. 여기서 길금정석의 각자가 원의(原意)라고 한 것은 금석문의 위상, 혹은 성격인 점을 강조하고 있음을 알게 한다. 그런데 여기서 한발 더 나아가 금속·목재·토(土)·석(石)·갑(甲)·골(骨)·칠기(漆器) 등 여러 가지 물질의 자료에 전각(鐫刻) 또는 기입(記入)된 문자를 모두 금석문이라 일컫게 되었으니, 이러한 명문(銘文)들을 연구하는 금석학의 범위가 실로 넓다는 것이다. 그런데 이렇듯 광범위한 금석문의 연구를 어떻게 진행할 것인가. 그 방법 · 태도 · 활용 등, 특히 한문화권(漢文化圈)에 있는 나라에서는 금석학의 연구가 중차대함을 강조하였으니 우현 선생의 금석학에 대한 혜안을 다시금 느끼게 하는 서두어(序頭語)이다.

다음 금석학의 역사론에서는 동양에서 최초로 문자가 발달한 나라는 중국이며, 가장 먼저 금석문을 주목한 나라도 중국인 것이다. 그리하여 일찍부터 기물(器物)의 명문들을 보이고 있으나 이것은 명목(名目)을 남겼을 뿐이고 금석문의 연구를 위한 기록은 아니었으며, 이후 육조(六朝) · 수(隋) · 당대(唐代)로 들면서부터 금석문의 집록(集錄)이 본격적으로 증가되었다는 것이다. 예컨대 『수서(隋書)』 「경적지(經籍志)」 '집부(集部)' 총집류(總集類)에 『비영(碑英)』 스물아홉 권, 『잡비집(雜碑集)』 스물아홉 권, 『잡비(雜碑)』 스물두 권의 서목(書目) 등이 있으나, 이러한 서적은 없어져 남지 않았으며, 현재 금석서(金石書)로 남아 있는 것은 송조(宋朝) 이후의 것이라 할 수 있으니, 송대의 금석학이란 금석학사상(金石學史上) 가장 발달된 것으로 종정고기(鍾鼎古器)의 수집이 크게 이루어지게 된 때도 이때부터였으며, 석고문(石鼓文) · 석경(石經) 등도 이 시대에 비로소 연구하게 되었던 것이다.

송대의 금석문은 유원보(劉原父)가 창도하였으나 구양수(歐陽修)가 집대성하였다고 할 만치 구양수는 재래(在來)의 금문(金文)뿐만이 아니고 석문(石文)까지도 수집하여 『집고록(集古錄)』 열 권을 저술하였다. 이것이 오늘에까지 전해지고 있는 가장 오래된 금석서로 알려져 있을 뿐만 아니라, 후대의 금석학자에게까지 권위를 부여하고 있다는 것이다. 송대에 쌍벽을 이룬 이대(二大) 금석학자(金石學者)로 알려진 조명성(趙明誠)도 구공(歐公)의 편집 방법을 답습하여 『금석록(金石錄)』 서른 권을 저술한 금석 연구의 권위자이다. 이후 우후죽순과도 같이 금석문 연구의 성시(盛時)를 이루었으니, 증공(曾鞏)의 「금석록」(미완성)을 비롯하여 많은 학자의 금석학 관계 서록(書錄)이 나와 그 수를 열거할 수 없을 정도였다. 한편 금석문의 수집·연구 이외에 금석기(金石器)의 도상(圖狀)을 편저한 것으로, 이공린(李公麟)의 고고도(考古圖)를 필두로 북송(北宋)·금(金)·원(元) 등 각 시대의 고도서목(古圖書目)이 많이 나왔다. 이후 특히 청대(淸代)에 크게 발전한 고증학(考證學)으로 말미암아 금석서류(金石書類)는 엄청나게 출세하여 그야말로 유출유정(愈出愈精)케 되었으니, 그 서목(書目)을 일일이 열거할 수 없다. 다만 참고적인 중요 서목류만을 예거하면, 용원(容媛)의 『금석서록목(金石書錄目)』, 섭명(葉銘)의 『금석서목(金石書目)』, 이우손(李遇孫)의 『금석학록(金石學錄)』, 왕창(王昶)의 『금석췌편(金石萃編)』 등이 가장 귀중하여, 연구에는 물론 당시대를 대표할 수 있는 금석학의 연구서라 할 수 있다.

한국에서의 금석학은 고려와 조선에 있어 서도(書道)를 위하여 금석문을 주목하였으나, 학적(學的)으로 연구하기 위한 금석서류는 없었다. 조선 제사대 세종(世宗) 24년 임술(壬戌)에 각도(各道)의 비탁(碑拓)을 수집한 일이 있었으나, 연구가 아니라 서첩(書帖)을 만들기 위함이었다. 이때에 탑영을 너무 많이 수집하여서 지방민은 석비(石碑)를 많이 파손시켰던 것 같다. 고려 제십육대 예종(睿宗) 때 송인(宋人) 호종조(胡宗朝)의 비갈(碑碣) 파괴 사실이 그 한 예라 하겠다. 이러한 석비 파괴는 여러 지역에서 일어났던 일로 지방군읍지(地方郡邑誌)에 밝히고 있다. 이러한 가운데서도 서도 연구와 아울러 금석문이 발전된 것은 조선시대로서, 낭선군(朗善君) 이우(李俁)를 조선금석학의 시조로 들고 있다. 낭선군이 저술한 『대동금석서(大東金石書)』는 조선금석의 저명첩(著名帖)으로 약 삼백 종의 탑영을 수집하였고, 같은 때〔제십육대 인조대(仁祖代)〕에 곡운(谷雲) 김수증(金壽增)도 탑영 약 백팔십 종을 수집하여 금석문 유의자(留意者)로 유명하였다. 이후 제십구대 숙종대(肅宗代)에 상고당(尙古堂) 김광수(金光遂), 성호(星湖) 이익(李瀷), 순암(順菴) 안정복(安鼎福) 등, 제이십일대 영조대(英祖代)에 청사(靑沙) 김재로(金在魯), 제이십이대 정조대(正祖代)에 완당(阮堂) 김정희(金正喜), 운석(雲石) 조인영(趙寅永), 이계(耳溪) 홍양호(洪良浩), 제이십삼대 순조대(純祖代)에 풍석(楓石) 서유구(徐有榘), 다산(茶山) 정약용(丁若鏞), 역매(亦梅) 오경석(吳慶錫) 등 이 밖에도 많은 인물이 있는데, 모두들 금석학 연구사상 잊지 못할 학인(學人)들이다.

이 가운데서도 이서구(李書九)의 『동방금석첩(東方金石帖)』, 홍양호의 『금석비목(金石碑目)』, 서유구의 『임원경제지(林園經濟志)』 중의 「금석목(金石目)」, 오경석의 『삼한금석록(三韓金石錄)』, 김정희의 『예당금석과안록(禮堂金石過眼錄)』 등은 한국의 금석학 연구에 큰 길잡이가 되는 귀중한 자료들이라 하겠다. 한편 청조인(淸朝人)들도 한국의 금석학 연구에 열을 올리고 있었으니, 옹방강(翁方綱)·조지겸(趙之謙) 등이 유명하며, 특히 유희해(劉喜海)의 『해동금석원(海東金石苑)』은 당시 조선금석의 완전한 서집(書集)으로 크게 주목되는 것이다.

금석학의 자료에서는 앞에서 살펴본 우현 선생의 자료 분류가 지나칠 정도로 세분되어 있어 손길이 닿지 않는 분야가 없다. 역시 혜안이었음을 다시금 알게 한다. 새로운 자료로 고대 인물들의 묘지(墓誌)를 소개하고 있음은 또한 귀중한 역사적 사실을 알게 하고, 각기 그 시대들의 역사상을 고찰할 수 있게 한다. 초우 선생의 『한국금석유문』에서 자료분류의 내용을 보면 우현 선생의 방법을 많이 답습하고 있다.

이상과 같이 '우현 고유섭 전집'의 마지막 권인 『조선금석학 초고』에 관하여 그 내용을 개관하였는바, 일제강점기 한국의 금석학 연구로서는 독보적이었으며, 그 연구 내용과 방법은 곧 초우 선생에게 큰 교화(敎化)로 전달되었고, 오늘의 우리들은 새로운 자료들을 열심히 색출하여 보다 풍부한 금석학의 연구 내용을 후학들에게 전달해야 할 의무를 실제 행동으로 보여 주어야 할 것임을 새삼 각오해야 할 것으로 안다.

우현 선생의 논고 중「조선의 묘탑(墓塔)에 대하여: 〔부(附)〕 부도류(浮屠類)」가 전한다. 이 내용은 승려들의 묘탑인 부도(浮屠)에 관한 논문이다. '제(題)'에서 느끼는 것은 조형적인 것이나 그 내실은 탑비문(塔碑文)들, 즉 금석문으로서 금석학 연구의 기초적인 자료가 되는 것이다. 이렇듯 우현 선생은 학문의 횡적 관계를 항상 염두에 두었고, 특히 금석학 연구는 석조미술(石造美術)과 금속미술(金屬美術)에서 그의 명문(銘文) 수집과 분석 연구를 필수적으로 생각하였던 것이다.

우현 선생께서는 금석문 연구의 첫 단계가 실물을 견학하며 그 문장을 탑영(榻影)하는 작업임을 잘 알고 있어서 많은 탑영을 진행했다. 그러므로 이 방면에 관심이 많았던 초우 황수영 선생은 대학 재학 시절 우현 선생을 따라 개성 부근의 고비(古碑)를 조사하고 탑영하는 데 힘을 보태며 금석문 연구의 단서를 잡게 되었던 것이다. 그러기에 대각국사비(大覺國師碑) 등의 탑영을 표구(表具)하여 개성박물관 진열실에 걸려 있음을 대할 때마다 먹갈기와 사다리 잡던 당시의 일들을 회상하며 남다른 감회에 잠겼었다고 술회하고 있다. 이 책 말미에 소개한「대각국사비(大覺國師碑)에 관하여」는 선봉사(僊鳳寺) 대각국사비에 보이는 내용들까지 참고하여 대각국사의 사적을 해설한 것이다. 관계 석비의 번역은 문맥들이 어렵고 이해하기 힘들 것이나, 여기 해설문은 당시 우현 선생의 일어(日語) 원문을 우리말로 번역하여 알기 쉽게 주요 골자만 추렸기 때문에 귀한 해설문으로 평가될 것으로 안다.

끝으로 말미에「부도류(浮屠類)」를 소개하였다. 이것은 우현 선생께서「부도류」라는 하나의 큰 주류적인 논문을 구상하여 그 첫 단계로 종류별 검토를 시도한 것이다. 비록 시도에 그쳤다 해도 오늘날 이 방면 연구에 귀중한 길잡이가 되고 있음을 강조하는 바이다.

차례

서(序)

필자 일찍이 금석문(金石文)에 대하여 유의(留意)한 바 없지 않았으나 적극적으로 전위(專爲)하여 연구하지 않았다가, 금번 이 강의록 발행에 제(際)하여 어떠한 사정으로 말미암아 선학(先學) 대가(大家)가 계심에 불고(不顧)하고 비재(菲才)가 감히 담당케 된 것은 분을 넘어 모르는 경거(輕擧)의 소치(所致)였으나, 그러나 필자의 소기(所期)는 이 사학(斯學) 초입(初入)의 독자 제씨(諸氏)와 함께 연구하기 시작하고 배우기 시작하려는 단순한 욕망에서 이 대임(大任)을 수락하였을 뿐이요, 결코 독자 제씨께 감히 지도라든지 수교(授教)의 의미를 갖고 집필함이 아님을 양찰(諒察)하기 바라는 바이다. 더욱이 이 학문은 아직도 방법론이라든지 체계라든지 확립한 학문이라 볼 수 없어, 각기 연구자의 입지(立地)와 태도에 따라 관법(觀法)과 서술(敍述)이 닮아지는 모양이나, 그러나 초학자(初學者)에게는 어떠한 독립된, 편벽(偏僻)된 입지에서 내다보느니보다, 금석학(金石學)이란 어떠한 의미를 갖고 어떠한 역사를 갖고 어떠한 종류가 있는가를 우선 개념적으로 안 연후에, 각자의 입지와 욕구에 따라, 각자의 연구태도에 의한 방법론으로써 자료를 처리하기 바라는 것이다.

필자 한경(漢京)을 떠나 지방에 적재(謫在)한 탓에 충분한 자료를 수집하지 못한 내용의 빈약(貧弱)은 십분 자량(自量)하는 터이라, 금일의 소략(疏略)은 후일 또 보충할 기회가 있을 것이요, 지면의 관계상 금석의 전문(全文)을 일일이 총거(總擧)하지 못하고, 다만 참고서류(參考書類)만 예거(例擧)함에 그칠 것도 미리 진사(陳謝)하여 둔다. 또 조선의 금석학에 대해서는 아직 이렇다 할 만한 참고서가 없으나, 조선사학회(朝鮮史學會) 발행의 『조선사강좌(朝鮮史講座)』와 『청구학총(靑丘學叢)』 제14호에 양차(兩次)에 걸쳐 가쓰라기 스에지(葛城末治)가 발표한 논문이 있을 뿐이니, 아마 이것이 가장 손쉽게 얻어 볼 수 있는 참고서일까 한다.

1. 금석학의 의의

금석(金石)이라 함은 문자 그대로 단순히 금속(金屬)과 석류(石類)를 말함이 아니요, 『묵자(墨子)』에서와 같이 문자를 의미하는 죽백(竹帛)에 대하여 음악을 의미하는 송성(頌聲)도 아니요, 실로 곧 길금정석(吉金貞石)을 뜻함이니, 길금(吉金)이라 함은 종(鐘)·정(鼎)·준(尊)·대(敦)와 같이 길례(吉禮)에 사용되는 금속기(金屬器)를 말함이요, 정석(貞石)이라 함은 비갈(碑碣) 등과 같이 후곤(後昆)에 영전(永傳)될 견석(堅石)을 말함이니, 이러한 양자(兩者)에 전각(鐫刻)된 문자를 곧 금석문이라 함이 그 원의(原意)이나, 후에 금(金)·목(木)·토(土)·석(石)·갑(甲)·골(骨)·칠(漆) 등 각종의 물질적 자료에 문자가 기입된 유물이 발견됨으로 말미암아 서적 이외에 물질적 자료에 전각기입(鐫刻記入)된 문자를 모두 금석문이라 하게 되었다.

따라서 금석학이란 것을 손쉽게 말하자면 이러한 금석문을 연구하는 학문이라 하겠으나, 그러나 그것을 어떻게 연구하는가 즉 연구의 태도에 따라 여러 가지 해석이 나올 것이니, 예컨대 은허(殷墟)에서 출토된다는 수골귀갑(獸骨龜甲)에 새겨진 고문(古文)으로부터, 삼대(三代) 선진(先秦)의 각기 유물에 새겨진 주문(籒文)·대전(大篆)·소전(小篆)으로부터, 한(漢) 이후의 고례(古隸)·팔분(八分)·해(楷)·행(行)·초(草) 등의 문자의 변화, 서법(書法)의 연구를 할 제, 그는 곧 문자학(文字學)·서도학(書道學)의 한 부문이 될 것이요, 진(秦) · 한대(漢代)의 고문으로부터 육조(六朝) 이후 수(隋) · 당대(唐代)까지의 사륙변려체(四六騈儷體)로의 변화에서 술사(述辭) · 조사(措辭)의 변화를 연구하는 문학적 연구가 성립될 것이요, 진흥왕(眞興王)의 순수비(巡狩碑), 갈항사(葛項寺) · 개심사(開心寺) · 정도사(淨兜寺) 등의 석탑기명(石塔記銘)에서 이두(吏讀)를 연구하는 언어학적 연구가 성립되고, 기명(器皿)의 문자에서 그 시대 · 용도 · 제작형식의 변천 등을 탐구할 고고학적 미술사적 연구가 성립될 것이요, 문헌에서 찾을 수 없는 사실(史實)의 궐락(闕落)을 금석문에서 찾아내어 역사적 사실의 보궐(補闕)을 기도할 수 있는 사학적 연구도 성립될 수 있는 것이요, 기타 각종의 연구방법이 성립된다. 따라서 금석학의 응용 방면은 어떠한 일부 학문에 국한된 것이 아니라, 실로 연구방법의 여하에 있어 얼마든지 다방면에 이용될 수 있는 것이니, 금석학의 의의는 실로 중대한 것이다.

이와 같이 금석학의 이용 방면이 광무(廣袤)한 만치 그 정의(定義)를 내린다는 것은 도리어 이 학문의 가치를 국한하는 듯싶으나, 억지로라도 정의를 짓자면 "금석학이란 것은 문자의 기명(記銘)이 있는 모든 물질적 자료를 고고학적으로 연구하여 모든 사적(史的) 연구에 대조(對照), 보충시키는 것"이라고나 할 수 있을까 한다. 문자의 존재를 전제로 하는 까닭에 순전한 고고학적 영역에 속하지 않고, 다만 고고학적 연구방법에 의하여 역사 그 자체뿐이 아니요 모든 문화 방면의 사적 고찰에 응용되는 까닭에, 금석학은 순전한 고고학(考古學)도 아니요, 순전한 사학(史學)도 아니요, 단순한 고문서학(古文書學)도 아니요, 실로 한 개의 중립된, 모든 방면에 이용을 바라고 있는 특수한 학문이다. 금석학은 문자 내지 문자 유사(類似)의 기호가 생기기 시작한 원사시대(原史時代)부터 문서기록이 희한한 시대까지 그 이용 범위가 있는 것이니, 특히 조선과 같이 고려까지의 문헌이 불과 십수 종에 국한되어 있는 나라에서는 실로 금석학이 아니면 각문화 방면의 연구란 기필(期畢)키 어려운 것이다. 금석학의 연구는 실로 조선에 있어서 더욱 중차대한 것이라 하겠다.

2. 금석학의 역사

동양에서 문자가 가장 속히 발달된 것은 중국이니, 따라서 금석문이 가장 먼저 주목되기 시작한 것도 중국에 있다.

『좌씨전(左氏傳)』에는 예지명(禮至銘)·참정명(讒鼎銘)·고부정(考父鼎)의 기사가 일찍이 보이고, 『주례(周禮)』에는 가량명(嘉量銘), 『예기(禮記)』에는 공리정명(孔悝鼎銘)·탕반명(湯盤銘), 『대대례(大戴禮)』에는 단서명(丹書銘), 『국어(國語)』에는 적명(啇銘), 『가어(家語)』에는 금인명(金人銘), 『사기(史記)』에는 백침동기(柏寢銅器) 등이 벌써 보였으나, 그러나 이것들은 명목(名目)을 남겼음에 불과한 것이요 금석문의 연구를 위한 기록이 아니었다. 후에 한대(漢代) 허신(許愼)이 『설문해자(說文解字)』 서른 권을 저술하여 전(篆)·예(隷)의 자체(字體)를 기재하여 주문(籀文)이라 하고, 각 서체를 상형(象形)·회의(會意)·지사(指事)·형성(形聲)·전주(轉注)·가차(假借)의 육서(六書)로 분류하여 금석고문(金石古文)에 대한 연구의 발단을 이루었다. 다만 허신에 대하여는 오대징(吳大澂) 같은 사람이,

古器習見之 形體不載於說文 以古器銘文 偏旁證之 多不相類 金書屢引秦刻石 而不引某鐘某鼎之文 然則郡國所出鼎彝 許氏實未之見(『說文古籀補』「敍」)

옛 기물을 익히 보니, 형체가 『설문』에 실려 있지 않은 고기(古器)의 명문으로써 편방(偏旁)을 증명하였는데 대부분 서로 닮지 않았다. 금석서에서는 각석에서 자주 인용하

였는데, 아무개 종이나 아무개 솥의 문자는 인용할 수 없었다. 그러한즉 군국에서 출토된 솥과 그릇은 허씨가 실제로는 아직 보지 못한 것이다.(『설문고주보』「서」)

이라 하여 금석학의 시조로 보기 어려움을 말하였으나, 그러나 사실에 있어 고기(古器)의 출토가 당대(當代)에 적었고, 탁묵(拓墨)의 법이 아직 없었던 까닭에 엄정한 연구가 수립되지 못하였다 하더라도, 이 학문에 대하여 비로소 유의하기 시작한 것은 많다 할 만하다. 그 이후 육조(六朝)·수(隋)·당대(唐代)로 들면서부터 금석문의 집록(集錄)은 본격적으로 늘었으니, 가쓰라기 스에지(葛城末治)의 설을 빌리면, 『수서(隋書)』「경적지(經籍志)」'집부(集部)' 총집류(總集類)에 『비영(碑英)』 스물아홉 권, 『잡비집(雜碑集)』 스물아홉 권, 『잡비(雜碑)』 스물두 권의 서목(書目)이 있고, 그 주각(註脚) 중에는 진(晉)의 장작대장(將作大匠) 진협(陳勰)의 『잡비』 스물두 권과 『비문(碑文)』 열다섯 권이 있었음을 말하였고, 양(梁) 원제(元帝)의 『석씨비문(釋氏碑文)』 서른 권, 사장(謝莊)의 『비집(碑集)』 열 권이 있었음을 말하였다. 그러나 이러한 서적은 일찍이 망일(亡佚)되어 남아 있지 않고 현재 금석서(金石書)로 남은 것은 송조(宋朝) 이후의 것이니, 대저 송조의 금석학이란 금석학사상(金石學史上) 가장 발달된 한 성기(盛期)를 이룬 것으로, 종정고기(鐘鼎古器)의 수집의 방대도 이때부터였고, 석고문(石鼓文)·석경(石經) 등노 이 시대에 비로소 성(盛)히 연구케 되었다.

채조(蔡條)의 설에 의하면, 송대의 금석문은 유원보(劉原父)[1]가 창도(唱導)하여 구양수(歐陽修)가 집대성하였다 하는 만치, 구양수는 재래(在來)의 금문(金文)뿐 아니라 석문(石文)까지도 수집하여 『집고록(集古錄)』 열 권을 저술하였다. 이것이 금일까지 유전(遺傳)된 가장 오래된 금석서로 되어 있을 뿐 아니라, 후대의 금석학자에게까지 한 권여(權輿)를 이루게 된 것이라 한다. 송대의 이대(二大) 금석학자로 치는 조명성(趙明誠)도 구양공(歐陽公)

의 편집방법을 답습하여 『금석록(金石錄)』서른 권을 저술하여 일반 금석 연구의 권여를 이루고 있다. 이래 금문으로, 석문으로, 또는 양자(兩者)를 합한 저서가 우후(雨後)의 죽순같이 족생(簇生)하였으니, 증공(曾鞏)의 『금석록(金石錄)』(미완성), 곽충서(郭忠恕)의 『한간(汗簡)』, 유원보의 『선진고기기(先秦古器記)』, 동정(董逌)의 『광천서발(廣川書跋)』, 설상공(薛尙功)의 『종정이기관지법첩(鐘鼎彝器款識法帖)』, 왕구(王俅)의 『소당집고록(嘯堂集古錄)』, 왕후지(王厚之)의 『복재종정관지(復齋鐘鼎款識)』, 진사(陳思)의 『보각총편(寶刻叢篇)』, 무명씨(無名氏)의 『보각류편(寶刻類編)』, 홍괄(洪适)의 『예변(隷辨)』『예운(隷韻)』등 실로 그 수를 열거할 수 없을 만하며, 금석문의 수집 연구 이외에 금석기(金石器)의 도상(圖狀)을 편저한 것으로 이공린(李公麟)의 『고고도(考古圖)』, 왕보(王黼)의 『선화박고도(宣和博古圖)』, 황백사(黃白思)의 『박고도설(博古圖說)』등은 송대 삼대 고도(古圖)로 일컬으며, 여대림(呂大臨)의 『고고도(考古圖)』도 유명한 것이었다. 북송(北宋) 이후에는 금(金)의 당회영(黨懷英)의 『종정전운(鐘鼎篆韻)』, 원(元)의 양구(楊鉤)의 『증광종정전운(增廣鐘鼎篆韻)』, 반앙소(潘昂霄)의 『금석례(金石例)』와 『속례(續例)』등이 유명한 것이며, 명(明)·청(淸) 이후 특히 청대에 발전된 고증학(考證學)으로 말미암아 금석서류(金石書類)는 유출유정(愈出愈精)하게 되었으니 그 서목을 일일이 열거할 수 없고, 참고되는 서목류(書目類)만 예거할진대, 용원(容媛)의 『금석서록목(金石書錄目)』, 섭명(葉銘)의 『금석서목(金石書目)』, 이우손(李遇孫)의 『금석학록(金石學錄)』, 왕창(王昶)의 『금석췌편(金石萃編)』등이 가장 중요한 것이라 하겠다.

　돌이켜 조선에서의 상태를 보건대, 여조(麗朝)에 있어서 서도(書道)를 위하여 금석문은 많이 주목케 되었으니 현재 불과 수종(數種)의 문집류에서도 그것을 알 수 있으나, 그러나 학적(學的)으로 연구하기 위한 금석서류의 발생은 보지 못하였다. 이러한 상태는 조선조에 들면서부터도 그러하였으니, 『세종실록(世宗實錄)』 '24년 임술(壬戌) 5년'조에도 각 도(道)의 비탁(碑拓)을 수집한 일이 있었으나, 이 역시 서첩(書帖)을 만들기 위함이었다. 당시 탁본(拓本)을 너무 수집한 탓에 지방민은 비석을 많이 파괴하기에 이른 모양이나, 조선의 비갈(碑碣)이 파괴되기는 벌써 그 이전에 있었으니, 고려 예종조(睿宗朝)에 내도(來到)한 송인(宋人) 호종조(胡宗朝)[2]의 비갈파괴란(碑碣破壞亂)이 그것이다. 정인보(鄭寅普)의 설에 의하면, 이곡(李穀)의 「동유기(東遊記)」에

三十六峯에 峯有碑러니 胡宗朝 皆取而沈之하니 今其跌는 猶存焉이라 胡宗朝者는 李昇唐之人也라 來仕本國하여 出巡五道하니 所至에 輒將碑碣하여 或刮去其字하고 或碎或沉하며 至於鐘磬에도 有名者는 皆鎔鐵以塞之하여 使之不聲하니 若於寒松叢石亭三日浦之碑와 鷄林府奉德之鐘之類에 可見也라

서른여섯 봉에는 봉우리마다 비(碑)가 있던 것을 호종조(胡宗朝)가 모두 가져다 물 속에 가라앉혔다 한다. 지금도 그 대석(臺石)이 여전히 남아 있다 한다. 호종조라는 자는 이승(李昇)의 당나라 사람인데, 우리나라에 와서 벼슬하여 다섯 도(道)를 순찰하면서 가는 곳마다 번번이 비갈을 가져다가 혹은 그 글자를 긁어 버리고, 혹은 부수고, 혹은 물속에 넣었으며, 종(鐘)·경(磬)으로 이름 있는 것들도 혹 쇠를 녹여 틀어막아 소리가 나지 못하게 하였다. 이를테면 한송정(寒松亭)·총석정(叢石亭)·삼일포(三日浦)의 비와 계림부(鷄林府) 봉덕사(奉德寺)의 종들에서 볼 수 있다.[3]

라 있다 하고, 『고성읍지(高城邑誌)』에도

舞仙臺에 古有大碑云而中原胡宗朝拔其碑하여 投水中云이라

무선대에, 옛날에 큰 비석이 있었다고 하는데 중원의 호종조가 그 비를 뽑아 물속에 던졌다고 한다.

한 예를 들어, 금석고문(金石古文) 파괴에 정치적 의식적 행동이 있었음을 알 수 있다 하였다.

하여간에 서도(書道) 연구에서나마 금석문이 울연(蔚然)히 발전된 것은 조선조에서이니, 안평대군〔安平大君, 이용(李瑢)〕도 유명하거니와, 조선 금석학의 시조는 낭선군〔朗善君, 이우(李俁)〕에 있다 하겠다. 『성호사설(星湖僿說)』에,

我東方石刻古蹟亦多 三韓以前無所攷 近世王孫朗善君所輯大東金石錄 殆無遺漏

우리 동방의 석각에도 고적이 역시 많으나 삼한 이전은 고찰할 길이 없다. 근세 왕손 낭선군이 모아 놓은 『대동금석록』에는 거의 빠진 것이 없다.

라 한 바와 같이, 그가 저술한 『대동금석서(大東金石書)』는 조선 금석의 저명한 것으로 약 삼백 종의 탁본을 수집하여 일부를 절절첩부(切截貼付)한 것으로, 문집편(文集篇)만 따로 있었더라면 전무후무한 조선 금석의 일대 금자탑이었을 것이나 오늘 문집편은 남아 있지 않다. 그러나 절첩(切帖)된 단탁(斷拓)에서나마 금일 전혀 망일(亡佚)되어 없어진 비문을 알게 되고, 또는 금일 발견된 단비(斷碑)에서 원비(原碑)를 추정할 수 있게 되어 매우 중요한 금석서로 되어 있다.[1]

동대〔同代, 인조조(仁祖朝)〕에 곡운(谷雲) 김수증(金壽增)도 탁본 약 백팔십 종을 수집하여 금석에 유의(留意)한 이로 유명하고, 김광수〔金光遂, 호 상고당(尙古堂), 숙종조(肅宗朝)〕, 이익〔李瀷, 호 성호(星湖), 숙종조〕, 안정복〔安鼎福, 호 순암(順菴), 숙종조〕, 이희령〔李希齡, 호 약파(藥坡), 영조조(英祖朝)〕, 유척기〔兪拓基, 호 지수재(知守齋), 영조조〕, 김재로〔金在魯, 호 청사(淸沙), 영조조〕, 김정희〔金正喜, 호 완당(阮堂), 정조조(正祖朝)〕, 김명

희〔金命喜, 호 산천(山泉), 정조조〕, 조인영〔趙寅永, 호 운석(雲石), 정조조〕, 이조묵〔李祖黙, 호 육교(六橋), 정조조〕, 이서구〔李書九, 호 강산(薑山), 정조조〕, 홍양호〔洪良浩, 호 이계(耳溪), 정조조〕, 서유구〔徐有榘, 호 풍석(楓石), 순조조(純祖朝)〕, 정약용〔丁若鏞, 호 다산(茶山), 순조조〕, 조병구〔趙秉龜, 호 소완(小阮), 순조조〕, 오경석〔吳慶錫, 호 역매(亦梅), 순조조〕 등은 금석사상(金石史上) 잊지 못할 인물들이다.

이 중에 김재로는 고려 · 조선조 양대의 금석 탁본을 수집하여 원편(原編) 이백스물여섯 책, 속편 스무 책을 남겼으나, 지금에 대범(大凡) 산일(散逸)되어 서른아홉 책이 남았다 하고,[2] 김광수는 중국의 종정비탁(鐘鼎碑拓)을 많이 가졌었고, 이조묵의『나려낭림고(羅麗琅琳考)』, 이서구의『동방금석첩(東方金石帖)』, 홍양호의『금석비목(金石碑目)』, 서유구의『임원경제지(林園經濟志)』중의「금석목(金石目)」, 오경석의『삼한금석록(三韓金石錄)』,[3] 김정희의『예당금석과안록(禮堂金石過眼錄)』등이 있으며, 이 외에『비명기(碑銘記)』『관동금석록(關東金石錄)』『수헌방비록(樹軒訪碑錄)』『동국금석평(東國金石評)』『금석기(金石記)』『조선비전문목(朝鮮碑全文目)』『해동금석총목(海東金石總目)』등이 있다.

이 외에 각 사기(史記), 문집(文集), 지지(地誌), 기타 잡저(雜著)에 보이는 것도 경시하지 못할 중요한 자료이나, 그러나 과거의 조선에서는 순정(純正)한 의미의 금석학은 청조(淸朝)의 고증학 발달의 영향으로 말미암아 다소 주의하게 되었을 뿐이요, 의연히 서도(書道)에만 치중한 것이었다.

조선이 이러한 상태에 있었으나 중국인은 순정한 의미에서 조선의 금석을 연구하게 되었다. 즉 반조음(潘祖蔭)의『방희재금석외록(房喜齋金石外錄)』, 옹방강(翁方綱)의『복초재집(複初齋集)』, 손성연(孫星衍)의『환우방비록(寰宇訪碑錄)』, 조지겸(趙之謙)의『보환우방비록(補寰宇訪碑錄)』, 왕창(王昶)의『금석췌편(金石萃編)』등에서 조선 금석의 채집(採集), 비목(碑目), 서

발(書跋) 등을 산견(散見)할 수 있게 되었으나, 조선 금석의 완전한 집서(集書)는 유희해(劉喜海)의 『해동금석원(海東金石苑)』이었다.[4]

지금에 손쉽게 얻어 볼 수 있는 것은 전술한 경성대학 영인의 『대동금석서』와 『해동금석원』과 『조선금석총람(朝鮮金石總覽)』 상·하 및 『조선금석총람 보유(補遺)』[5]가 있을 뿐이다.

3. 금석학의 자료

1. 인(印)과 봉니(封泥)

1) 인

인(印)은 '절(卩)'자와 '조(爪)'자를 합한 자이니, '卩'은 '절(節)'자의 고자(古字)로 '신(信)'을 표시하는 것이요 '爪'는 '수조(手爪)'를 뜻하는 것으로, 두 자를 합하여 '지신(持信)'의 뜻을 말하는 것이다. 『주례(周禮)』「지관(地官)」주(註)에 "以王命往來必有節以爲信 왕명으로 왕래할 때는 반드시 부절로써 신표를 삼는다"이라 한 '節以爲信(절이위신)'이 즉 인이다. 인과 동의(同義)의 것으로 '새(璽)'라는 것이 있으니, 『석명(釋名)』에 "璽徙也封物使可轉徙而不可發也 새(璽)는 옮긴다는 뜻이다. 물건을 봉하여 옮기도록 할 수는 있지만 드러낼 수는 없다"라 하고, 『설문(說文)』 '새(壐)'자에 "同璽 壐所以主土故從土 '壐'는 '璽'와 같다. 새는 흙을 위주로 하므로 토(土)의 뜻을 따랐다"라 한 바와 같이, 지금의 봉니와 같이 절신(節信)을 위주(爲主)하는 것이다.(봉니는 후에 서술하겠다) 『주례』「지관」'사시(司市)'에 "凡通貨賄以璽節出入之 무릇 재물과 예물을 유통하는 것은 새절(璽節)로써 출입한다"라 한 것이 그것이다.

하여간에 다 같이 '신(信)'을 표현하는 것으로, 상고삼대(上古三代)에는 어떠한 제한이 없어서 인신(人臣)으로도 금옥(金玉)으로써 용호뉴(龍虎鈕)를 각기 소호(所好)대로 새겨 쓰고 통칭하여 새(璽)라 하였으나, 진(秦)·한

(漢) 이래 그곳에 제한이 생겨 천자(天子)의 신재(信材)를 '새(璽)'라 하고 옥(玉)으로써 사용하고, 그 이하로부터 '인(印)'이라 하여 한대(漢代)에는 황태자가 금인귀뉴(金印龜鈕)요, 제후왕(諸侯王)은 금인낙뉴(金印駱鈕)요, 열후(列侯)·승상(丞相)·장군(將軍)은 금인귀뉴요, 질(秩) 이천 석 이상은 은인귀뉴(銀印龜鈕)요, 이하는 모두 동인비뉴(銅印鼻鈕)로 제한되었으나, 후대에 다시 인재(印材)에 제한이 없이 되었다. 인문(印文)에 이(鉨)·장(章)·인(印)·신(信)·제(制)·보(寶) 등이 보이니 모두 다 같이 신(信)의 의미를 가진 것으로, 각기 시대에 따라 여러 가지 칭호가 있으나 보(寶)만은 당대(唐代)로부터 비로소 시작된 것이다.

인새(印璽)의 종류에는 다시 관인(官印)·사인(私印)의 구별이 있고, 공경(公卿)의 패인(佩印)에는 소위 수(綬)라는 끈이 달리니, 각기 작직(爵職)에 의하여 자수(紫綬)·청수(靑綬)·여수(綟綬)·황수(黃綬) 들이 있다. 사인에는 명인(名印)·자인(字印)·성명인(姓名印)·도호인(道號印)·지명인(地名印) 들이 있고 길상성어인(吉祥成語印)이 있으며 서화(書畵)의 수장감상(收藏鑑賞)의 인이 있고, 재관별(齋館別)로 호(號)의 인이 있다. 서화 수장감상의 인은 당 태종(太宗)의 '貞觀(정관)' 이자연주인(二字連珠印), 당 현종(玄宗)의 '開元(개원)' 이자연주인(二字連珠印)을 시원(始原)으로 하고, 재관별 호의 인은 당(唐)의 이필(李泌)의 '端居室(단거실)' 삼자인(三字印)을 시원으로 하여 송대에 들면서부터 성행되었다.

인문(印文)에는 백문(白文, 음각)·주문(朱文, 양각)의 양종(兩種) 조법(彫法)이 있고〔동인(銅印)에 주(鑄)·착(鑿)의 양법(兩法)을 구별하며, 주법(鑄法)에도 번사(翻沙), 발(각)랍〔撥(刻)臘〕 등 구별이 있으나 이곳에 말하지 않는다〕, 자체(字體)에는 진대(秦代)의 모인전(摹印篆), 한대의 무전(繆篆)·수서〔殳書, 조충서(鳥蟲書)〕 등이 있고, 시대에 따라 자체의 변화가 있음은 물론이나 인자상(印字上)에서는 한인체(漢印體)를 가장 중요시한다.

조선에서 발견된 인은, 평양의 낙랑(樂浪) 유물 중에서 발견된 것이 가장 고고한 유물이라 하겠다. 1925년에 대동강면(大同江面) 석암리(石巖里) 제 205호분에서 "五官椽王盱印 王盱印信(오관연왕우인 왕우인신)"이라 한 전서(篆書)의 목제 양면인(兩面印)이 발견되었으니, '五官椽'이라 함은『후한서(後漢書)』「백관지(百官志)」에 "有五官椽錄功曹及諸曹事 오관연, 녹공조 및 제조사가 있다"라는 구가 있음으로써 한관(漢官)의 인신(印信)으로 유명한 것이요, 1924년에 대동군 석암리 무분(戊墳)에서 청동제 귀뉴방형(龜鈕方形)의 '王雲(왕운)'이라 음각 전서(篆書)한 인과 1931년에 대동강 채화분(彩畵墳)에서 '臣光(신광)'이라 한 음각·양각의 인이 발견됨으로써 각 분묘의 주인을 알게 된 데서 유명하다. 1916년에는 석암리 9호분에서 귀뉴옥제방인(龜鈕玉製方印)의 '永壽康寧(영수강녕)'이라 전서음문(篆書陰文)을 새긴 길어인(吉語印)이 발견되었고, 대동강면에서 청동제 귀뉴방인(龜鈕方印)의 '韓范君印(한범군인)'과 도제(陶製) 비뉴방인(鼻鈕方印)의 '荊楡信印(형유신인)'이 발견되었으며, 또 '王扶印信(왕부인신)'이란 전체양자(篆體陽字)의 청동제 사자뉴인(獅子鈕印)이 발견되었으니, 이는 자모인(子母印)이라 하여 대소(大小)의 인이 한 몸으로 결합되었다가 사용할 때 각기 분해할 수 있게 된 것이다.

이 외에 무문(無文)의 인편(印片)도 발견되었으나, 하여간에 이들은 곧 조선의 인의 선구를 이룬 것이라 할 것이나 곧 조선 것이라 할는지 의문이며, 조선의 인신(印信)으로는 예맥(濊貊)의 인이 있으니,『삼국지(三國志)』「위서(魏書)」'동이전(東夷傳)'에 부여(夫餘) 고성(古城)에서 '濊王之印(예왕지인)'이라 한 인신이 있었음을 말하였고,『삼국사기(三國史記)』'남해차차웅(南解次次雄) 16년'조에 북명인(北溟人)이 경전(耕田)하다가 예왕(濊王)의 인을 얻어 헌상(獻上)한 사실이 있으니, 아마 이것이 조선 인의 최고(最古)의 것일 것이다.

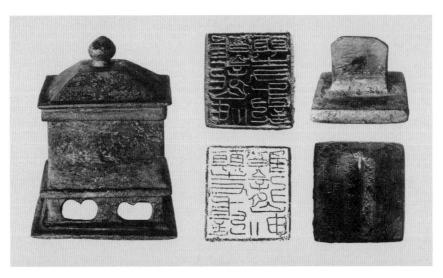

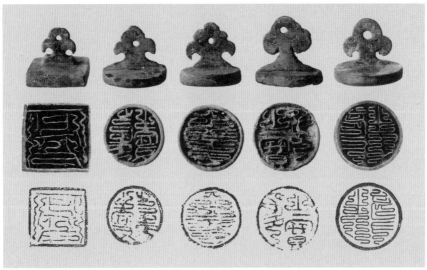

1. 고려시대의 동제인함(銅製印函, 왼쪽)과 동인(銅印, 오른쪽).
충남 공주 신원사(神願寺).(위)
2. 고려시대의 여러 가지 동인. 충남 공주 신원사.(아래)

38

3. 고려시대의 옥제육지(玉製肉池, 왼쪽 첫째 줄)와 옥인(玉印, 왼쪽 둘째 줄),
그리고 여러 가지 용어뉴동인(龍魚鈕銅印, 오른쪽 세 줄).(위)
4. 고려시대의 여러 가지 청자도인(靑瓷陶印).(아래)

그러나 삼국 이후 신라에서 다시 그 예를 볼 수 없으나〔물론 중국과의 책사(冊使)의 왕래가 있었은즉 없지는 아니하였다〕 여조(麗朝)에서는 관직에 인부랑(印符郞)이란 것이 있어 장인(掌印)을 하고, 또 중국 책사의 내도(來倒)로 요(遼)·금(金)·송(宋)·원(元)·명(明)의 인장(印章)이 전해졌다. 지금『조선고적도보(朝鮮古蹟圖譜)』권9에서 당대의 인장을 볼 수 있다.(도판 1-4)

2) 봉니

중국 한(漢) 시대에는 조책서소(詔策書疏)를 모두 목판 즉 목간(木簡)에 묵서(墨書)하여 신서(信書) 왕래에 이용하였으니, 당시에는 그 비밀을 방외(防外)하기 위하여 목간 속에 문자를 쓰고 목간으로 그것을 덮어 놓고 동인 위에 진흙을 그 위에 칠하고 그 위에 인장(印章)을 찍었으니, 지금 봉니(封泥)라 하는 것은 인문(印文)이 남은 그 이토(泥土)를 말하는 것이다. 지금도 서양에서는 밀(蜜)로 봉해 붙이고 그 위에 날인(捺印)을 하나니, 그 의의는 한대(漢代) 봉니와 같다. 인(印)을 주육(朱肉) 또는 묵육(墨肉)으로 지포(紙布)에 찍게 된 것은 대개 육조대(六朝代)부터라 하니, 봉니는 그 이전까지의 유물일 것이다. 지금 조선에서 발견되는 것은 대동군(大同郡)의 낙랑(樂浪) 고지(故地)가 중심이 되어 있으니(도판 5) 그 대개는 다음과 같다.[4] 한인(漢印)에 음각이 많은 것은 요컨대 봉니에 사용하기 위함이니, 봉니에 날인하면 양문(陽文)이 보이게 된다. 봉니목판(封泥木板)의 실제는 중앙아시아에서 스타인(M. A. Stein),[5] 기타 서양의 학자로 말미암아 발견되어 알게 된 것이다.

요컨대 봉니는 서신(書信) 왕복으로 말미암아 생기는 것이라, 따라서 그 발신인(發信人) 또는 발신 처소의 인문(印文)이 참고되어 역사의 궐(闕)을 도움이 적지 않은 것이므로 중요시된다. 인각예술(印刻藝術)에서, 서도(書

5. 낙랑군(樂浪郡) 시대의 여러 가지 봉니. 평남 대동 낙랑군 유적지 발견.

道)에서 주의되는 것은 물론이다.

그러나 한 가지 주의할 것은, 봉니는 반드시 내왕하는 서신에만 남는 것이 아니요, 보관을 하기 위한 문서에도 봉니로써 봉해 두는 법이니, 그 실례로 중앙아시아에서 발견된 목간(木簡)이 전연(全然) 봉니가 붙은 채 밀봉되어 남아 있는 것으로 보아도 알 일이다. 그러므로 낙랑 고지(故地)에 낙랑 이외의 봉니가 나옴은 서간(書簡)에 붙었던 봉니로 볼 수 있으나, 그렇다고 낙랑 자체의 봉니가 남음을 의심할 필요는 없는 것이니, 그것들은 낙랑 자체에서 보관하기 위하여 밀봉해 찍어 두었던 봉니로 볼 수 있는 것이다. 그러나 근자에 봉니의 위조가 없지 않음은 주의할 필요가 있다.

2. 와(瓦)와 전(塼)

1) 와

와전(瓦塼)의 미술적 가치는 필자가 이미 미술사에서 서술하였거니와, 와(瓦)의 창시(創始) 시대는 미상(未詳)하고 주대(周代)부터 이미 사용되었던 것은 사실인 듯하다. 당대의 와당(瓦當)은 반원와당(半圓瓦當)이요 대개 도철(饕餮)·쌍리(雙螭)·사신(四神) 등을 조각하였으며, 진(秦)·한대(漢代)로부터 전원와당(全圓瓦當)이 생겨 상문(象文) 외에 문자문(文字文)도 나게 되었으니, 조선에서 가장 오래된 유물로는 낙랑(樂浪) 고지(故地)에서 발견되는 것으로 음문(陰文)·양문(陽文)의 '樂浪禮官(낙랑예관)'의 문자, '樂浪富貴(낙랑부귀)' '大晉元康(대진원강)' '萬歲(만세)' '千秋萬歲(천추만세)' 등의 문자와(文字瓦)가 발견되었으니, 그 중에도 '大晉元康'같이 기년(紀年)이 있는 것은 사학(斯學) 연구상 다대한 참고자료이다.(도판 6) 평와(平瓦)에도 문자 있는 것이 있으니, 파편이 되어 알기 어려운 것이 많으나 '孫保□(손보□)' '□□侯(□□후)' '戊쥬軰' 등이 있다.

6. 낙랑군 시대의 '大晉元康'명(銘) 수막새.
평남 대동 낙랑군 유적지 발견.

　와당은 다시 육조기(六朝期)로 들면서 불교의 영향으로 초화문(草花文)
이 많이 들게 되어, 조선에서도 이미 고구려 이후에는 연화문(蓮花文)이 전
반을 점하여 문자와당(文字瓦當)은 별로 보이지 않고 평와(平瓦)에서 약간
의 문자를 보게 되었으나, 광주(廣州)에서 발견한 평와에 '蟹受穴口(해수혈
구)'의 문자는 당지(當地)의 고지명(古地名)을 알게 된 일례요, 대동군(大同
郡) 한천면(漢川面)에서 '西(서)' '□巖寺(□암사)' 등의 문자를 발견한 것은
당지가 문헌에도 보이지 않는 고구려 고찰(古刹)의 유허(遺墟)임을 알게 된
일례요, 부여군(扶餘郡) 규암면(窺岩面) 신구리〔新九里, 왕은리(王隱里)〕 49
번지 대(垈)에서 '王興(왕흥)'이라 좌서(左書)한 평와문(平瓦文)을 발견한 데
서 백제의 유명한 왕흥사(王興寺)의 유적을 알게 되었으며, 또 부근의 산성
지(山城址)에서 '阿尼城(아니성)'이라 좌서한 데서 백제의 산성지가 천명되
었고, 경주의 어떠한 사지(寺址)에서 '四天王寺己巳年重□(사천왕사기사년
중□)' 등의 파와(破瓦)를 발견한 데서 유명한 사천왕사지(四天王寺址)임을
알게 된 동시에(도판 7) 기사년〔己巳年, 어떠한 기사(己巳)인지 불명이나〕
에 중건(重建)된 사실을 알게 되었으며, 보문사(普門寺)도 평와문에서 알게

7. 통일신라시대 '四天王寺址'명 와(瓦). 경북 경주 사천왕사지 발견.(왼쪽)
8. 고려시대 '月盖王吉'명 와. 경기 개성 만월대 출토.(오른쪽)

되었고, 말방리사지(末方里寺址)도 '□國寺大雄」蓋瓦大(□국사대웅개 와대)' 등의 문자와가 발견되었다.[6] 이와 같이 한 개의 파편의 문자로 말미암아 불명(不明)하던 여러 가지 사실이 천명되었다. 그러나 발견 당시에는 반드시 발견 지역을 분명히 해야 할 것이니, 부여읍내에서 발견되었다는 '會昌七年(회창칠년)'이라는 좌서(左書)의 평와, '太平八年 戊辰 定」林寺大藏堂□(태평팔년 무진 정림사대장당□)'이란 파편은 그 발견 지역이 분명하지 못한 탓에 가치가 적어졌다. 혹은 이것이 평제탑(平濟塔) 부근에서 발견되었다 하지만, 알 수 없다.

또 고려 만월대지(滿月臺地)에서 '月盖王吉(월개왕길)'(도판 8) '赤眞洪先(적진홍선)' 등 문자의 평와당이 발견되었으니, 월개(月盖)라 하면 곧 알기 어려우나 『고려사(高麗史)』 「지(志)」 제7, '오행(五行)' 1 중에 '패강월개요(浿江月盖窯)'라는 것이 보이므로 비로소 그것이 월개와요(月盖瓦窯)의 산물임을 알고, 그로 말미암아 적진(赤眞)도 와요(瓦窯)의 이름임을 알겠고〔그 유지(遺址)는 아직 천명하지 못하였지만〕, 이어 『고려사』 '의종(毅宗)'

9. 고려시대 범자문(梵字文) 수막새.
평남 강동군 인흥리 출토.

조에 보이는 '판적요(板積窯)'란 것과 '연흥전(延興殿)'과의 유지의 관계를
알게 된 것은 실제 필자가 천득(闡得)한 일례이다. 이 얼마나 파와(破瓦)일
망정 문화 천명상 중요한 것임을 알 수 있고, 금석학의 중요성을 알 수 있
는가.

여조(麗朝) 말기에서는 다시 와당에 범자(梵字)가 있는 것이 있으니, 이
는 불교사 연구가에게 또한 중요한 참고자료라 하겠다.(도판 9)

익산(益山) 미륵사지(彌勒寺址)에서 '延祐」四年」彌勒(연우사년미륵)'이라
는 양문(陽文) 파편도 발견되었다. 이 점에서 『삼국유사(三國遺事)』에 보이
는 왕흥사(王興寺)·미륵사는 양개(兩介) 존재로 볼 만하다.

2) 전

전(塼)이라 함은 '벽돌'이니 '專' '塼' '磚' '甎' 등을 쓴다. 벽(甓)은 전보다 큰 것
으로, 전은 쌓아 올려 벽면을 만드나 벽(甓)은 벽(壁)에 곧 붙이는 벽돌이요,
다시 추(甃)라는 것이 있으니 이것은 땅에 까는 것이다. 전도 와(瓦)와 같이

발생되었을 것이요 중국에서 시작된 것으로, 조선에도 낙랑(樂浪) · 대방(帶方) 고지(故地), 즉 평안도 · 황해도 지방에서 발견되는 것이 가장 고고(高古)한 것이다. 역시 와당(瓦當)과 같이 화상전(畵像塼)과 문자전(文字塼)의 양종(兩種)이 있으나 이곳에서 문제되는 것은 와당에서와 같이 문자 있는 것이니, 그 문화적 가치에서도 와문(瓦文)과 같다. 그러나 전은 대개 고분(古墳) 조축(造築)에 많이 사용되어 있는 탓으로, 그 중에 연월일이 있는 것은 부장품(副葬品)의 연대를 추정하는 데 절대적 가치가 있는 것이므로, 전의 발견 장소와 부장품을 항상 주의할 필요가 있다. 그 문(文)은 대개 얻어 보기 어려운 것이므로 지금까지 발견된 것을 다음에서 열거하겠거니와 삼국시대에 들면서부터 고구려에는 만주(滿洲) 집안현(輯安縣)의 능묘(陵墓)에서 '願太王陵 安如山固如岳(원태왕릉 안여산고여악)'(도판 10), '千秋萬歲永固(천추만세영고)'(도판 11), '保固乾坤相畢(보고건곤상필)' 등이 발견되고, 평양 대동군(大同郡)에서 '大安寺(대안사)'라는 사명(寺名) 전(塼)이 발견된 등이 조선의 예요, 그 후 불교로 말미암아 화상전은 다소 있어도 문자전은 별로 없게 되었다.[7]

3. 화전(貨錢)

패기(貝器)가 보물로서 화전적(貨錢的) 의의를 갖게 된 것은 원시인류(原始人類)에 대개 있던 현상이나, 동철(銅鐵)을 주작(鑄作)하여 화전(貨錢) 형태를 이룬 것은 역시 동양에서 중국이 시초라 하겠다. 조선에서 발견된 고전(古錢) 중 평북 영변(寧邊) · 위원(渭原), 전남 강진(康津) 등지에서 발견된 전국시대(戰國時代)의 명도전(明刀錢)이니, 한 개의 명도전의 발견으로 말미암아 동시에 발견된 유물의 세대상한(世代上限)을 추정할 수 있게 되는 것이다.(도판 12) 낙랑(樂浪) 고지에서 벌써 진시황대(秦始皇代)의 반량전

10. 낙랑군 시대의 '願太王陵 安如山固如岳'명 전(塼).
중국 성경성(盛京省) 태왕릉(太王陵) 출토.(위)
11. 낙랑군 시대의 '千秋萬歲永固'명 전. 중국 성경성 천추총(千秋塚) 출토.(아래)

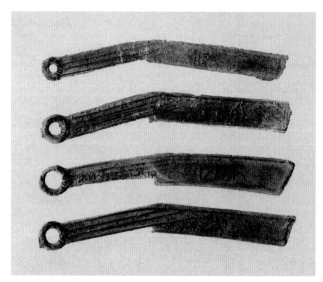

12. 전국시대 명도전(明刀錢). 평북 위원 출토.

(半兩錢)이 발견되고,[6] 또 그 전범이 토성(土城) 내에서 발견되었으니, 이는 낙랑 자체에서 주전(鑄錢)하던 사실을 보인다. 세키노 다다시(關野貞)의 설을 빌리면,

　토성 내에서 반량의 전범(錢范)이 출토하는 것을 보면, 석시(昔時) 토성 내에서 반량전을 주조한 것을 알 수 있다. 무제(武帝) 때에는 군국(郡國)이나 현(縣)에 주전을 허하였으니까 이 추정이 부당치 않으리라. 연(然)이나 무제 때 반량전을 행한 것은 건원(建元) 5년에서 원수(元狩) 5년까지 십팔 년간인데 낙랑의 치군(置郡)은 원봉(元封) 3년이니 원수 5년으로부터 십 년 후라, 연이(然而) 아직 토성에서는 반량전을 주조한 것은 개주(改鑄) 법령이 반드시 군국의 구석마다 엄격하게 준봉(遵奉)되지 않음을 보임이리라. 무제 후에 오수전이 행한 후에 다시 반량전이 주조됨이 없은즉, 이 전범의 발견은 이 토성의 치군 당초부터 낙랑군치(樂浪郡治)의 소재 지점임을 반

증한다.

각설, 낙랑지(樂浪地)에서는 또 왕망(王莽) 거섭(居攝) 2년에 주조한 '화천(貨泉)'과 천봉(天鳳) 원년에 주조한 '화포(貨布)'와 '소천직일(小泉直一)' 외에 '대천오십(大泉五十)' 등이 발견되었고, 염승전(厭勝錢)·우심전(藕心錢)도 발견되었으나 금석문에는 관계없는 것이다.

이 전화(錢貨)의 발견은 그와 부장(副葬)된 유물의 상한(上限)을 결정하는 것으로 볼 수 있으므로 귀중하거니와, 이는 상고(上古)에서 그러한 것이요 후대에서는 그렇지 못하니, 예컨대 고려의 유총(遺塚)에서 당(唐)의 개원통보(開元通寶)가 발견되는 데서도 알 수 있다.

조선의 화천(貨泉)은 별로 삼국 이후 알 수 없고 고려조에 들어서 당·송·원의 전화가 많이 발견되나, 그 중 조선의 전화로는 성종(成宗) 5년에 주전이 시작되었다. 조선원보통보(朝鮮元寶通寶)·삼한원보통보(三韓元寶通寶)·해동원보통보(海東元寶通寶)·동국원보통보(東國元寶通寶)의 사종(四種) 양식(兩式)이 있다.

고려의 염승전으로는 '鶴齡龜筭(학령구산)' '香花供養(향화공양)' '乾封泉寶(건봉천보)' '子丑寅卯辰巳午未申酉戌亥(자축인묘진사오미신유술해)' 등의 명각(銘刻)이 있다.

4. 이기류(彝器類)

이기류(彝器類)는 낙랑 이래 다수한 것이 발견되었으나 그 중에 명문(銘文)이 있는 것은 실로 드물다. 명문 있는 것으로 유명한 것은, 평양 선교리(船橋里) 정거장 북변(北邊) 수안가도(遂安街道) 선로(線路) 답절(踏切)의 남(南) 약 삼 간허(間許)에서 1920년 9월에 발견된 효문묘동종(孝文廟銅鐘)이

다. 명문에,

孝文廟銅鐘容十斤
重卅十斤
永光三年六月造

라 하였다. 기문(記文)은 고례음각(古隷陰刻) 즉 관문(款文)이다. 문자 중에
주의할 것은 '十'자이니, 이 '十'자는 횡획(橫劃)이 길고 종획(縱劃)이 매우 짧
은 것이니 이는 '十'자가 아니요 '七'자의 고자(古字)이다. 이나바 이와키치
(稻葉岩吉)의 「신출토 한의 효문묘동종명지에 대하여(新出土漢の孝文廟銅
鍾銘識に就いて)」라는 고증문(考證文) 중에,

　'十'자의 횡획의 장단으로 '十'자와 '七'자를 구별한다는 독법(讀法)을 공표
한 것은 나진옥(羅振玉)의 『은허서계고석(殷虛書契考釋)』이리라고 생각한
다. 나 씨는 한(漢)의 분음정(汾陰鼎)에 '十十枚'라 있는 것을 송인(宋人)이
'二十'으로 오독(誤讀)한 것과 완원(阮元) 같은 사도(斯道)의 대가(大家)까지
대관동호(大官銅壺)를 오독한 실패를 지적하고, 은상(殷商) 이래의 복사(卜
辭)와 전국(戰國)의 화폐에 나타난 '十'자를 비교 연구하여 한대의 '十'자와
'七'자의 구별은 다름이 아니요, 횡획의 장단으로써 이것을 구별하고 있다
는 것을 판단한 것은 실로 달식(達識)이라 생각한다. 우리도 나 씨의 연구
에 기대지 않으면 거의 오독을 면치 못하였다.

　따라서 이 문(文)의 의미는 '중사십칠근(重四十七斤)'이라는 것이다. 이것
이 금석문의 문자 변천 연구상 중대한 한 사례이다. 또 이 동종(銅鐘)에 대
하여 전기(前記) 이나바의 고증과 세키노 다다시 박사의 『낙랑군 시대의 유

적(樂浪郡時代の遺蹟)』중에 고증이 있으므로 이곳에 말하지 않는다.

이후 삼국의 유물에서 명문 있는 금속기류를 발견하지 못했다가 1925년 경주 서봉총(瑞鳳塚)에서 은제합자(銀製合子)를 발견하였으니 문(文)에,

〔개내(蓋內)〕延壽元年太歲在卯三月中太王敬造合杅用三斤六兩

〔신내저(身內底)〕□壽元年太歲在辛……太王敬造合……

이란 것이 나왔다. 이는 쇼와(昭和) 연간 『고적조사보고(古蹟調査報告)』에 지증왕(智證王) 12년으로 추정되었으니,[8] 이로 말미암아 법흥왕(法興王) 이전에 신라의 건원(建元) 사실과 일명연호(逸名年號)의 천명이 있게 된 것이다.〔도미타 신지(富田晉二) 장(藏) 동종(銅鐘) 저리(底裏)에 흑서(黑書)로 '陽巳'이라는 것이 있다. 그러나 이것은 금석 가치가 적다〕

5. 이기(利器)

이기류(利器類)도 발견 유물이 많으나, 명문이 있는 것으로 가장 고고(高古)한 것으로 진과(秦戈)라는 것이 있다. 과(戈) 내에 표리(表裏)로 명문이 있으니,

卅五年上郡守□
造高奴工師䆀(?)
丞申工□薪註

洛都上郡庫

라 한 것이다. 이 중의 '上(상)'은 '上郡庫(상군고)'라 붙여 읽을 것이 아니요 과(戈)의 상하를 표시하는 것으로, 다른 자는 다 음각인데 이것만은 아치양식(笯峙樣式)의 양각서(陽刻書)다. 이것은 세키노 다다시의 『낙랑군 시대의 유적』 본문에 고증이 있거니와, 진시황(秦始皇) 25년에 상군(上郡)의 수모(守某)가 조(造)하고 고노〔高奴, 현명(縣名)〕의 공사조(工師竈)가 제작에 당(當)하고 승(丞)의 신(申) 등이 감독한 것으로 해석하여, 진시황 26년에 천하를 통일하고 병기를 수진(收盡)하여 소융(銷融)하기 전년의 유물로 귀중한 것이다.

6. 칠기류(漆器類)

칠기(漆器)에 관해서도 미술사에서 이미 서술한 바 있으므로 이곳에 중복하여 말하지 않거니와, 명문에 해독상 필요한 것을 설명하고자 한다.

명문에는 '蜀西工(촉서공)' '廣漢郡工(광한군공)' 등이 가장 많고, 개중에 '子同郡工(자동군공)' '□都郡工(□도군공)' 등이 있으니, 이는 각 지방에 속한 공관(工官)을 뜻함은 물론이다. 『전한서(前漢書)』「공우전(貢禹傳)」〔원제(元帝) 때의 간대부(諫大夫)〕에

古者宮室有制 宮女不過九人 秣馬不過八匹 牆塗而不琱 木摩而不刻 車輿器物 皆不文畫 苑囿不過數十里 與民共之 …孝文皇帝衣綈履革 器亡琱文金銀之飾 後世爭爲奢侈 轉轉益甚… 故時齊三服官輸物不過十笥 方今齊三服官 作工各數千人 一歲費數鉅萬 蜀廣漢主金銀器 歲各用五百萬 …臣禹嘗從之東宮 見賜杯案 盡文畫金銀飾 非當所以賜食臣下也…

옛날 궁실에는 제도가 있었다. 궁녀는 아홉에 불과했고 먹이는 말도 여덟 필에 불과했다. 담을 바르기는 했지만 그림을 그리지 않았고 나무를 문지르기만 하고 조각하지는

않았다. 수레와 기물들은 모두 문식하거나 그리지 않았으며, 왕의 동산은 수십 리에 불과했지만 백성들과 공유하였다. …효문황제께서는 의복과 신발과 기물에 무늬를 새기거나 금은의 장식이 없었는데도 후세에는 다투어 사치하여 갈수록 더욱 심하였다. …옛날 제(齊)나라 삼복관이 수송하는 물건은 열 상자에 불과했는데, 바야흐로 지금 제나라 삼복관은 작공(作工)이 각자 수천 명이 되며 한 해의 비용이 거만금이 든다. 촉군(蜀郡)과 광한군(廣漢郡)에서는 금은 장식한 그릇을 주장하여 각기 오백만의 비용을 썼다.… 신 우(禹)가 일찍이 동궁을 시종하였는데, 하사한 술잔과 책상에 모두 무늬 그림과 금은으로 장식된 것을 보았는데 신하에게 내려 주는 음식물로는 마땅하지 않았다.…

라 하였고, 『후한서』「등황후기(鄧皇后紀)」에, "其蜀漢釦器九帶佩刀 並不復調 그 촉군과, 광한군의 금장식한 그릇 아홉과, 두르고 있는 패도가 나란히 다시 어울리지 않았다"라는 주(註)에,

蜀蜀郡也 漢廣漢郡也 二郡主作供進之器 元帝時貢禹上書 蜀廣漢主金銀器各用五百萬 是也 釦音口 以金銀緣器也
촉은 촉군이요 한은 광한군이니, 두 군이 주장하여 만들어 바친 그릇은 원제 때 공우(貢禹)가 바친 상소문에 "촉군과 광한군이 금은 그릇을 주장하였는데 각자 오백만의 비용을 썼다"라고 한 것이 이것이다. 고(釦)의 음은 구이고 금은으로써 그릇의 가장자리를 장식하였다.

라 있는 바와 같이, 순전한 금은기(金銀器)라기보다 금은연식(金銀緣飾)을 베푼 칠기가 이 양군(兩郡)에서 공관(工官)으로 말미암아 제작되는 것이다.

· 乘輿(승여) — 채옹(蔡邕)의 『독단(獨斷)』에 "天子所御 車馬衣服器械百物

曰乘輿 천자가 사용하는바 거마 · 의복 · 기계와 백 가지 물건을 '승여'라고 한다"
라 있는 바와 같이 어용기물(御用器物)이라는 뜻이다.

· 銶, 髤工(휴공) — 칠(漆)을 칠하는 공장(工匠).

· 汧工 — '汧'자는 조각(彫刻)의 '彫'자로 해석한다.

· 畫工(화공) — 글자 그대로 그림 그리는 공장이다.

· 銅釦黃塗工(동구황도공) — 동구(銅釦)는 연식(緣飾)을 말함이요, 황도
(黃塗)는 연식에 도금하는 것을 말한다.

· 素工(소공) — 이것은 소지(素地)를 만드는 공장.

· 上工(상공) — 불명(不明)이나 휴공(髤工)일 듯하다고도 한다.

· 淸工(청공) — 불명이나 다듬는 공장인 듯.

· 造工(조공) — 불명.

· 黃耳工(황이공) — '잡이' '들이'를 만드는 공장.

· 紵(저) — 협저(夾紵)의 뜻이니, 저포(紵布)를 칠(漆)로 밀접(密接)시킨
것.

· 造護工(조호공) — 감독관이니, 졸(卒) · 사(史) · 장(長) · 수승(守丞) · 연
(掾) · 수령사(守令史) 등등 계급이 있다.

이와 같이 당대(當代)의 칠기는 대단한 분업(分業)으로 된 것이요, 여러 감독관이 있어 주(主)로 된 것이다. 이제 금일까지 발견된 명문을 열거하면 다음과 같다.[9]〔삼국 이후에도 칠기가 없지 않으나 명문이 있는 것이 없고 고려조에는 범자(梵字)가 든 유물이 있다〕

7. 묘지(墓誌)

'墓誌'는 '墓志'라고도 쓰나니, 판석(板石) 또는 동판(銅板)에 조선(祖先)의 출

자(出自)·계통(系統), 묘주(墓主)의 약력 및 자손의 계승(繼承) 등을 지(誌)하고 그것을 도착(刀鑿)하여 묘 앞 또는 광(壙) 내에 묻는다. 묘지는 반드시 지중(地中)에 매장하는 것이지만 비갈(碑碣)은 지상(地上)에 세우는 것이다. 이것이 비갈과 묘지의 상이점이다. 양옥승〔梁玉繩, 호 간암(諫庵)〕의 『지명광례(誌銘廣例)』에 말하기를

무릇 각석(刻石)이 묘 앞에 현립(顯立)된 것을 비(碑)라, 갈(碣)이라, 표(表)라 하고, 오직 광(壙) 안에 납(納)하는 것을 이 지명(誌銘)이라 이른다.

라 하고, 또 가로되

묘석(墓石)의 문(文)은 나눠 말할진대, 즉 전서(前序)를 지(誌)라 하고 운어(韻語)를 명(銘)이라 하지만, 통하여 언지(言之)하면 지는 즉시 명이요 명은 즉시 지이라.

하였다. 묘지는 양석(兩石)을 써서 하부의 일석(一石)에 지문(誌文)을, 상부의 일석에 사자(死者)의 관직·성명을 전서(篆書)로 제(題)하고 서로 합하여 매장하나니 상석을 전개(篆蓋)라 한다. (중략) 또 왕릉에 쓰는 것은 따로 지석(誌石)이라는 이름이 있다. 『국조오례의(國朝五禮儀)』'천전의(遷奠儀)'조에 "下誌石 埋於陵南近地石床之北 아래의 지석은 능의 남쪽 가까운 곳 석상의 북쪽에 묻는다"이라 있다. 지석은 석상(石床)의 근북(近北)에 묻는 것으로, 고려시대에도 아마 이러한 제(制)였으리라고 추측된다.[7]

이상 묘지의 대의(大意)는 통하였으나, 조선조에 들면서부터 도판(陶板)에 회청(回靑)으로 쓴 묘지도 많으니 재료상 주의할 것이라 하겠다.

지금 조선에 관계되는 묘지로 가장 오래된 것은, 선년(先年) 당도(唐都)

낙양(洛陽)에서 발견된 고구려의 천남생(泉男生)·천남산(泉男產), 백제 부여융(夫餘隆)의 세 묘지이니, 비록 당조(唐朝)에서의 제작이나 조선을 주제로 한 것이므로 조선금석학상 절대로 중요시할 것이다. 원문도 일반에 보급되지 않았을 터이므로 그 전문을 이곳에 소개해 둔다.

조선에서의 묘지는 신라대까지의 유물이 아직 보이지 않고 고려조의 유물은 상당히 보이니, 이는『조선금석총람(朝鮮金石總覽)』에 의하여 볼 수 있다.(고려조 이후의 문집에는 묘지명이 상당히 보인다) 조선조에 들면서도 이것은 많이 유행하였으나 유물로서 특별히 주의할 것은 도판(陶板)의 묘지이니, 혹은 음각하고 혹은 백토(白土)로 상감하고, 혹은 회청(回青)으로 혹은 묵흑(墨黑)으로 쓴 것들이 있어, 그곳에 나타난 연기(年記)로 말미암아 도자(陶磁)의 시대변화성을 찾을 수 있음도 금석학 연구의 부차적 효과이다.[8]

고구려 천남생묘지(泉男生墓誌)〔낙양(洛陽) 출토, 음각 행문(行文)〕

· 『조선사강좌(朝鮮史講座)』, 『조선사(朝鮮史)』제2편, 『서도전집(書道全集)』.
· 소재(所在)—경성 이나바 이와키치(稻葉岩吉) 소장.
· 연시(年時)—신라 문무왕(文武王) 19년.

大唐故特進泉君墓誌(表篆)

1. 大唐故特進行右衛大將軍兼檢校右羽林軍仗內供奉上柱國卞國公贈幷州大
   都督泉君墓誌銘幷序

2. 　　　　中書侍郎兼檢校王府司馬王德眞撰 朝議大夫行司勳郎中上騎都尉
   渤海縣開國男歐陽通書

3. 若夫虹光韞石卽任土而輝山蟾照涵波亦因川而媚水泊乎排朱閣登紫蓋騰輝

自遠蹄十乘於華軒表價增高裂五城

4. 於奧壤況復珠躔角互垂景宿之精芒碧海之罘感名山之氣色擧踵柔順之境濫
觴君子之源抱俎豆而窺律呂懷錦繡

5. 而登廊廟移根蟠挐申大廈之隆材轉職加庭奉元戎之切寄與夫隋珠鷹檀楚璧
絾繩豈同年而語矣於卞國公斯見之

6. 焉公姓泉諱男生字元德遼東郡平壤城人也原夫遠系本出於泉旣託神以隤祉
遂因生以命族其猶鳳産丹穴發奇文

7. 於九苞鶴起靑田稟靈姿於千載是以空來誕懿虛竹隨波並降乩精式標人傑遂
使洪源控引態掩金樞會堂延衮勢臨

8. 瓊檻曾祖子遊祖太祚並任莫離支父盖金任太大對盧乃祖乃父良冶良弓並執
兵鈴咸專國柄桂婁盛業赫然淩替之

9. 資蓬山高視確乎伊霍之任公貽厥傳慶弁幘乃王公之孫宴翼聯華沛郡爲荀令
之子在髫無弄處卝不群乘衛玠之車

10. 塗光玉粹綴陶謙之帛里暎珠韜襟抱散朗標　宏博廣峻不疵於物議通分無
滯於時機書劍雙傳提庶與截蒲俱妙琴

11. 碁兩翫鴈行与鶴冽同傾體仁成勇靜迅雷於誕據抱信由衷亂驚波於禹鑿天
經不匱敎乃由生王道無私忠爲令德澄

12. 陂方頃游者不測其淺深繚垣九仞談者未窺其庭宇年始九歲卽授先人父任
爲郎正吐入榛之辯天工其代方昇結艾

13. 之榮年十五授中裏小兄十八授中裏大兄年廿三改任中裏位頭大兄廿四兼
授將軍餘官如故廿八任莫離支兼授三

14. 軍大將軍卅二加太莫離支摠惣錄軍國阿衡元首紹先疇之業士識歸心執危
邦之權人無駮議于時　蘀圖御寓楛矢襄

15. 期公照花照蕚內有難除之草爲幹爲楨外有將顚之樹遂使桃海之濱隳八條
於禮讓蕭墻之內落四豜於干戈公情思

16. 內款事乖中執方欲出撫邊毗外巡荒甸按嵎夷之舊壤請羲仲之新官二弟產
建一朝兇悖能忍無親稱兵內拒金環勁

17. 子忽就鯨鯢玉膳長筵俄辭顧復公以氣共星分旣飲淚而飛檄同盟雨集遂銜
膽而提戈將屠平壤用擒元惡始達烏骨

18. 之郊且破瑟堅之壘明其爲賊鼓行而進仍遣大兄弗德等奉表入朝陳其事迹
屬有離叛德遂稽留公乃反旆遼東移軍

19. 海北馳心　丹鳳之闕飭躬玄兔之城更遣大兄冉有重申誠效曠林積怨先尋
閼伯之戈洪池近遊豈貪賣於叔之劒

20. 皇帝照彼青丘亮其丹懇覽建產之罪發雷霆之威丸山未銘得來其先覺梁水
無擊仲謀憂其必亡乾封元年公又遣

21. 子獻誠入朝　帝有嘉焉遙拜公特進太大兄如故平壤道行軍大摠管兼
使持節安撫大使領本蕃兵共大摠管契

22. 苾何力等相知經略公率國內等六城十餘万戶書籍轅門又有木底等三城希
風共款蕞尒危矣日窮月蹙二年奉

23. 勅追公入朝總章元年授使持節遼東大都督上柱國玄兔郡開國公食邑二千
戶餘官如故小貊未夷方傾巢燕之幕

24. 大君有命還歸盖馬之營其年秋奉　勅共司空英國公李勣相知經略風
驅電激亘臨平壤之城前哥後舞遙振崇

25. 埤之琭公以罰罪吊人憫其塗地潛機密搆濟此膏原遂與僧信誠等內外相應
趙城拔幟豈勞韓信之師鄭扇抽關自結

26. 袁譚之將其王高藏及男建等咸從俘虜巢山潛海共入隄封五部三韓並爲臣
妾遂能立義斷恩同鄭伯之得儁反禍成

27. 福類箕子之疇庸其年與英公李勣等凱入京都策勳飲至獻捷之日男建將誅
公內切天倫請重閽而蔡蔡叔上感

28. 皇睠就輕典而流共工友悌之極朝野斯尚其年蒙授右衛大將軍進封卞國公

食邑三千戶特進勳官如故兼檢校右羽

29. 林軍仍令仗內供奉降禮承優登壇引拜桓珪輯中黃之瑞羽林光太紫之星陪
　　奉輦輅便繁左右恩寵之隆無所與讓臀

30. 膓之寄莫可爲儔儀鳳二年奉　　敕存撫遼東改置州縣求瘼卹隱裺負如
　　歸劃野疎疆川知正以儀鳳四年正月

31. 廿九日遘疾薨於安東府之官舍春秋卌有六　震晨傷聾台衡怨笛四郡由之
　　而罷市九種因之以輟耕

32. 詔曰懋功流賞寵命洽於生前縟禮贈終哀榮貴於身後式甄忠義豈隔存亡特
　　進行右衛大將軍上柱國卞國公泉男生

33. 五部酋豪三韓英傑機神穎悟識具沈遠秘等籌發於鈐謀宏材申於武藝僻居
　　荒服思效款誠去危就安允叶變通之道以

34. 順圖遹尭淸遼淇之濱美勘遐着崇章荐委入典北軍承宴私於紫禁出臨東陛
　　光鎭撫於菁丘佇化折風澷先危露興言

35. 永逝震悼良深宜增連率之班載穆追崇之典可贈使持節大都督幷汾箕嵐四
　　州諸軍事幷州刺史餘官並如故所司備

36. 禮冊命贈絹布七百段米粟七百石凶事葬事所湏並宜官給務從優厚賜東園
　　秘器差京官四品一人攝鴻臚少卿監護

37. 儀仗鼓吹送至墓所往還五品一人持節賚璽書吊祭三日不視事靈柩到日仍
　　令五品已上赴宅寵贈之厚存沒增華哀

38. 送之盛古今斯絶考功累行諡曰襄公以調露元年十二月廿六日壬申窆於洛
　　陽邙山之原禮也哀子衛尉寺卿獻誠夙

39. 奉庭訓早紆朝獻拜前拜後周魯之寵旣隆知死知生吊贈之　恩彌縟茹荼吹
　　棘踐霜移露痛迭微之顯傾哀負趄之潛

40. 度毀魏墳之舊漆落漢臺之後素刊翠琬而傳芳就黃壚而永固其詞曰

41. 三岳神府十洲仙庭谷王產傑山祇孕靈訏謨國緯舃奕人經錦衣繡服議罪詳

刑其一伊人開出承家疊祇矯矯鳳鴞昂昂

42. 驥子輻智川積懷仁岳峙州牧薦刀橋翁授履其二消灌務援邹靈寄深文摳執
柄武 轄捴鈐荊樹鶚起蘆川腐沈旣傷反袂

43. 且恨移衾其三蕭影麟洲輸誠　鳳闕朝命光寵　　　　　　　　天威吊
伐弥冠瞻星行師計月夷舞歸獻凱哥還

44. 謁其四彎弧對泣叫闇祈帝遺徂秋茶復開春棟鏘玉高袟銜珠近衛寶劍舒蓮
香車褁桂其五輕軒出撫重錦晨遊抑揚稜穴

45. 堤封亶洲瞻威仰惠望景思柔始襦來軸俄慌去輈其六斂革勒王聞聲悼　辰九
原容衛三河兵士南望少室北臨太史海

46. 就泉通山隨墓起其七霜露年積春秋日居墳圓月滿野曠風疎幽壤勒頌貞珉歷
書千齡暐曄一代丘墟其八

백제 부여융묘지〔夫餘隆墓誌, 음각 행문(行文)〕

· 『조선사(朝鮮史)』제2편.
· 소재(所在)—중국 하남성(河南省) 낙양(洛陽) 북망(北邙)에서 출토.
· 연시(年時)—신라 신문왕(神文王) 2년 임오(壬午).

公諱隆字隆百濟辰朝人也元□□孫啓祚暘谷稱雄割據一方跨躍
千載仁厚成俗光楊漢史忠孝立名昭彰晉策祖璋百濟國王沖撟淸
秀器業不群貞觀年　　　詔授開府儀同三司柱國帶方郡王父義
慈顯慶年授金紫光祿大夫衛尉卿果斷沈深聲芳獨劭趍薫街而沐
化績着來王登棘署以開榮慶流遺胤公幼彰奇表夙挺壞姿氣盖三
韓名馳雨貊孝以成性愼以立身擇善而行聞義能徙不師蒙衛而□
發懃工未學孫吳而六奇間出顯慶之始王師有征公遠鑒天人深知

60

逆順奉珍委命削任歸仁去後夫之凶革先迷之失款誠押至 褒賞荐
加位在列卿榮貫蕃國而馬韓餘燼狼心不悛鴟張遼海之濱蟻結丸
山之域 皇赫斯怒天兵耀威上將擁旄中權奉律吞噬之算雖
稟 廟謀綏撫之方且資人懿以公爲熊津都督封百濟郡公仍
爲熊津道摠管兼馬韓道安撫大使公信勇早孚威懷素洽招携邑落
忽若拾遺窮滅姦匈有均沃雪尋奉 明詔修好新羅俄沐
鴻恩陪觀東岳勳庸累着寵命日隆遷秩太常卿封王帶方郡公事君
竭力徇節亡私屢獻勤誠得留宿衛比之秦室則由余謝美方之漢朝
則日磾慙德雖情深匪懈而美疢維幾砭藥罕徵舟壑潛徒春秋六十
有八薨于私第贈以輔國大將軍諡曰 公植操堅慤持身謹正高
情獨詣遠量不羈雅好文詞尤翫經籍慕賢才如不及比聲利於遊塵
天不整遺人斯胥悼以永淳元年歲次壬午十二月庚寅朔廿四日癸酉
葬于北芒淸善里禮也司存有職敢作銘云
海隅開族河孫效祥崇基峻峙遠派靈長家聲克嗣代業逾昌澤流派
水威稜帶方餘慶不□英才繼踵執爾貞慤載其忠勇徇國身輕亡家
義重廼遵王會遂膺 天寵桂婁初擾遼川不寧薄言携育寔賴
威靈信以成紀仁以爲經宣風徼塞侍蹕云享爵超五等斑參九列虔
奉 天階肅恭臣節南山匪固東流遽閱敢託明旌式昭鴻烈
大唐故光祿大夫行太常卿使持節熊津都督帶方郡王扶餘君墓誌

고구려 천남산묘지(泉男産墓誌)

· 소재(所在)—중국 북경대학(北京大學) 장(藏).
· 연시(年時)—신라 효소왕(孝昭王) 10년.

大周故」府君」墓誌銘」(篆蓋)

大周故金紫光祿大夫行營繕大夫上護軍遼陽郡開國公泉君墓誌銘幷序

君諱男産遼東朝鮮生也昔者東明感龜踪氵川而啓國朱蒙孕日臨浿水

而開都威漸扶索之津力制蟠桃之俗　辰海嶽莫繫於要荒而俎豆詩

書有通於聲教承家命氏君其後也乃高乃曾繼中裏之顯位惟祖惟祢傳

對盧之大名君斧囊象賢金　餘　生而敏惠勿則過人年始志學夲芳王

教小兄位年十八教大兄位十三等之　次再擧而昇二千里之城池未冠

能理至於烏拙使者翳屬仙　雖則分　機　固以高惟旌騎年卄一加中

8. 경감류(鏡鑑類)

『술이기(述異記)』에 "饒州舊傳軒轅氏鑄鏡於湖邊 今有軒轅磨鏡石 요주의 구전
에 헌원씨가 호숫가에서 거울을 주조하였다고 하는데 지금 헌원마경석이 있다"이라
하였으니, 마치 믿을 바 못 되지만 수고(邃古)한 상대(上代)에 경감(鏡鑑)이
발생된 것은 알 수 있다. 현재 한경(漢鏡) 이전의 경감으로 추측되는 것이
다소 있으나, 문의양식(文儀樣式)의 기고(奇古)로 통칭하여 선진경(先秦鏡)
이라 하지만 그 이상 시대의 구별을 지을 수 없고, 진·한 이후의 유물에는
명문이 기각(記刻)되어 있어 금석학의 연구 대상으로 일찍부터 주목되었
다.[9] 더욱이 경감의 양식 변천은 다른 공예품보다도 시대성 구별이 비교적
용이하므로, 경감과 동출(同出)되는 다른 출토품의 시대 감정상(鑑定上) 좋
은 대조가 되어 일찍이 고고학 방면에서도 그 연구에 치중했던 것이다. 근
자 낙랑(樂浪)에서도 한경(漢鏡)·육조경(六朝鏡) 들이 다수히 출토되고 조
선에서의 방제경(倣製鏡)도 출토되어, 이 방면의 전문적 연구가 날로 성해
간다. 필자의 조선미술사(朝鮮美術史)에서도 그 예술적 방면의 일모(一貌)
를 서술함이 있었으므로 이곳에 다시 부언치 않고, 금석학상 필요한 명문

(銘文)의 종류를 들어 서술코자 한다.[10]

경감의 명문은 물론 양식(陽識)으로 침문〔針文, 자획이 침첨(針尖)함〕이 많고, 전(篆)·예(隷)의 각체(各體)가 있으나 고려경(高麗鏡)에는 행서(行書)가 있다.

9. 석각류(石刻類)

특별한 재료의 형식이 없는 것을 석각(石刻)이라 한다면 이곳에 두 가지 구별을 세울 수가 있으니, 하나는 자연석괴(自然石塊)에 그대로 기각(記刻)한 것이요, 다른 하나는 마애(磨崖)에 기각한 것이 있을 것이다. 그러나 다시

13. 낙랑군 시대의 점제평산사각석(秥蟬平山祠刻石).
평남 용강.

세밀한 구별을 세운다면 양자를 구별해 볼 필요가 있다.

현재 조선에서 가장 오래된 각석(刻石) 예는 원화(元和) 2년(서기 85년) 작으로 추정되어 있는 낙랑 점제평산사각석(秥蟬平山祠刻石, 도판 13)이니, 지금에 칭하여 비(碑)라 하지만 자연석괴의 일면만 갈아내어 기각한 것이요, 정시(正始) 7년(서기 246년) 작으로 추정되어 있는 위장(魏將) 관구검기공비(毌丘儉紀功碑, 도판 14 참조)는 파편임을 보아 비인 듯하나, 진흥왕 22년(서기 561년) 작인 창녕(昌寧)의 진흥왕순수비(眞興王巡狩碑, 도판 44-45 참조)도 자연석괴 면에 기각한 것이다.

1) 성벽석각(城壁石刻)

그러나 이러한 것들은 기문(記文)의 성질상 비문에 속할 것이므로 비(碑)라 함이 가하고, 순전한 석각 예로는 고구려의 성벽석각(城壁石刻)이 최고(最古)할 것이니,

① 평양(平壤) 고구려 성벽석각(城壁石刻)

ㄱ. 평양부 경제리(鏡齊里) 대동강반(大同江畔) 성벽(城壁) 중

평원왕(平原王) 8년 추정. 1913년 발견. 지금 평양박물관에 진열되어 있다.

丙戌十

二月中

漢城下

後ㄱ (部)小

兄文達

節自此

西北行

涉之

ㄴ. 평양 대동강안(大同江岸) 오탄(烏灘) 하

평원왕 11년 추정. 조선조 영조 42년 발견.『해동금석원(海東金石苑)』권
1 소재(所載).

己丑	十一
年五	里小
月廿	兄相
八日	夫若
始役	伜利
西向	造作

ㄷ. 발견지 미상. 평원왕 11년 추정. 경성 오세창(吳世昌) 소장.

己丑年

□月廿一日

自此下向

東□十二里

物苟小兄

俳須百頭

□節矣

(참조)

『평양후속지(平壤後續志)』권1, '신이(神異)'조.

己丑大漲九疊城潰缺而出二誌石一石有

己丑年 三月卄一日 自此下 東十二里 物苟小兄 俳須百頭 腓節矣(二十七字一石有)

己丑年三月 卄一日自此下 向東十二里內中百頭上位使尔伐卻矣

기축년 크게 물이 불어 구첩의 성이 무너지고 틈이 생겨 두 개의 지석이 드러났다. 한 지석에는 "기축년 3월 21일 여기로부터 아래로 동쪽 십이 리는 물구소형(物苟小兄) 배수(俳須)와 백두(百頭) 배절(腓節)이 담당이다"라고 되어 있고(스물일곱 자, 한 지석에는) "을축년 3월 21일 여기로부터 아래쪽을 향해 동쪽 십이 리는 내중백두(內中百頭)와 상위사(上位使) 이벌(尔伐)이 담당이다"라고 되어 있다.

② 농오리산성(籠五里山城) 마애석각(磨崖石刻)

평안북도 태천군(泰川郡) 서읍내면(西邑內面) 산성동(山城洞) 농오리산성 안.

乙亥年八月前部

小大使者於九婁治

城百八十四間

등이 현금(現今) 알려진 것이다. 이상은 다 같이 문헌이 희귀한 고구려에서 고구려 성곽의 조축(造築) 사실을 증명할 호개(好箇)의 금석문이니, 『삼국사기(三國史記)』에는 양원왕(陽原王) 8년에 장안성(長安城)을 쌓고 평원왕 13년에 궁실(宮室)을 중수(重修)하고, 동(同) 28년에 장안성에 이도(移都)한 사실이 보이니, 전후의 맥락을 찾을 수 있는 금석문이라 하겠다.

2) 비갈석각(碑碣石刻)

암석면(岩石面)에 문사(文辭)를 감각(嵌刻)하여 후곤(後昆)에 기념하고자 함은 일찍이 주대(周代)에 비롯하였다 한다. 우(禹)의 구루비(岣嶁碑), 공자서(孔子書)의 연릉계자묘비(延陵季子墓碑), 은(殷)의 비간묘제명(比干墓題銘) 등은 후대의 가작(假作)으로 금석학상 믿지 않는 바다. 현재 석각(石刻)으로서 가장 오랜 것은 석고문(石鼓文)이라는 것이니, 이는 천연의 환석(丸石)을 아래위 툭 쳐서 면(面)에 그대로 문사를 새긴 것이다. 일찍이 주대의 유물이라 하였으나, 현재는 진대(秦代)의 유물로 대개 추정하고 있다.[10] 이것이 지금의 가장 고고(高古)한 석각 예요, 같은 진대의 유문(遺文)으로 역산(嶧山)·태산(泰山)·회계(會稽)·낭아대(瑯玡臺) 등에 석각이 있다 하며, 다음으로 전한대(前漢代)에 들어와서 오봉(五鳳) 2년의 노효왕각석(魯孝王刻石), 거섭(居攝) 2년의 공림분단석각(孔林墳壇石刻) 등이 있다. 그러나 조선에서의 석각 예는 정시(正始) 3년의 위장(魏將) 관구검(毌丘儉)의 비(碑)로써 시초를 삼을 수 있으니(도판 14), 그만큼 주객전도(主客顛倒)의 관(觀)을 정(呈)하고 있다. 비도 각석(刻石)은 각석이지만, 비가 독립된 형식으로 자립한 이후부터는 비갈과 각석을 판연히 구별한다.

대저 비갈의 발생은 이러한 석각에서 부화(孵化)되었을 것이나, 그 시원에 대해서는 구양수(歐陽修)의 『집고록(集古錄)』발미(跋尾)에 "後漢以後 始有碑文 欲求前漢時碑碣 不可得 是則冢墓碑自後漢以來始有也 후한 이후에 비로소 비문이 있다. 전한 때의 비갈을 구하고 싶었으나 끝내 얻을 수 없었다. 그렇다면 무덤의 비는 후한 이래로부터 시작된 점이 있다"라 한 설이 일반적으로 믿어진다. 원초(元初) 4년(서기 117년)의 사삼공산비(祠三公山碑)가 문헌에 보이는 최고(最古)의 예라 한다.〔그러나 주박(朱博) 잔비(殘碑)는 전한 하평(河平) 연간의 작(作)이라 하니, 이미 전한대 비석이 있었음이 된다〕『설문(說文)』에 '비(碑)'자는 "竪石也 돌을 세우다"라 하고, '갈(碣)'자는 "特立之石也 특별히 세

14. 낙랑군 시대의 관구검기공비(毌丘儉紀功碑) 단편(斷片) 탁본.

운 돌이다"라 하였으며, 『문선(文選)』양웅(楊雄)의「우렵부(羽獵賦)」주(註)에 "方者爲碑 圓者爲碣 모난 것은 비이고, 둥근 것은 갈이다"이라 하고, 『당육전(唐六典)』에 "五品以上立碑 螭首龜趺 七品以上立碣 圭首方趺 오품 이상은 비를 세우고 이수와 귀부가 있으며, 칠품 이상은 갈을 세우고 규수와 방부가 있다"라 하여 비갈의 형태와 성질을 말하였지만, 조선에서는 양자의 구별이 없이 통용하고 있다. 후한(後漢) 유희(劉熙)의 『석명(釋名)』, 당(唐) 봉연(封演)의 『봉씨문견기(封氏聞見記)』, 송(宋) 홍천(洪遷)의 『예속(隷續)』, 청(淸) 고염무(顧炎武)의 『금석문자기(金石文字記)』, 완원(阮元)의 『산좌금석지(山左金石志)』등에 의하여 종합한 세키노 다다시(關野貞)의 설에 의하면,

원래 비(碑)는 하관(下棺)하기 위하여 양방(兩旁)에, 또는 사우(四隅)에 세우는 것으로, 나무로 만들고 흉부(胸部)에 원공(圓孔)을 뚫어 녹로(轆轤, 물레)의 축을 관통시키고, 두부(頭部)를 반원형으로 만들어 물레에 매인 노의

68

일단(一端)을 그 위에 덮어, 또 빠지지 않게 하기 위하여 홈〔溝〕을 판 것이다. 즉 비는, 처음에는 광(壙) 안에 하관하기 위한 설비였지만 후에 신자군부(臣子君父)의 공미(功美)를 그 위에 쓰게 되어 마침내 후한시대의 석비로 발달한 것이다. 즉 훈(暈)과 천(穿)은 그 유훈제(遺訓制)라 한다. 또 달리 비는 옛날 궁묘중정(宮廟中庭)에 있어 제사 지낼 때에 희생(犧牲)을 매었는데, 그 희생을 매기 위하여 베푼 구멍이 즉 후의 비의 천(穿)이 된 것이라는 설도 있다. …즉 원수(圓首)로 훈천(暈穿)이 있는 것은 묘광(墓壙)의 비에서 나왔으리라고 생각한다. 아니라 하면 천이 있고, 특히 훈이 좌수(左垂), 우수(右垂)하여 그 상부에서 사주(斜走)하는 홈이 있는 것은 해석하기 어렵다. 또 규수(圭首)로서 천이 있는 것은 묘정(廟庭)의 비에서 나온 것이라 생각한다. 그 두부의 삼각형을 이룬 것은, 당초 목제(木製)로서 추녀〔水垂〕를 양방(兩旁)에 만든 데 기원이 있으리라. 운운

　이곳에 말한 규수(圭首)란 삼각형을 이름이요, 삼각형의 규수 이외에 사각형의 방수(方首)라는 것이 있으나 형식·기원은 규수와 같을 것이다.〔전에 말한 「우렵부(羽獵賦)」 주에 "方者爲碑 圓者爲碣 모난 것은 비이고, 둥근 것은 갈이다"이라 한 것은 이곳에 말한 비갈의 형식과 정히 반대가 되어 있으나 그는 '方者爲碑'를 견석(堅石)이란 데 붙여서 인공을 가한 석(石)으로 볼 것이요, '圓者爲碣'이란 것은 자연의 환석(丸石)으로 볼 것으로 비갈의 형식 구별이 엄연히 수립된 후의 설로 보지 않음이 가할 것 같다〕

　상술한 바와 같이 비에는 규수·방수·원수의 삼 종이 있고, 초기에는 비에 받침이 대개 방형인 탓에 방부(方趺)라 하였으나 후에 비의 형식이 완전히 원수로 되고, 원수의 훈구(暈溝)를 천(天)으로, 방부(方趺)를 지(地)로 해석하여 원수에 용(龍)을 새기고 방부에 귀(龜)를 새기게 됨으로부터, 용수(龍首)를 이수(螭首)라 하고 부(趺)를 귀부(龜趺)라 한다. 이수 천공(穿孔)도

초기에는 있었으나 후대에 없어지고 그 자리에 비제(碑題)를 쓰게 되었으니 이를 액(額)이라 하고, 비신(碑身)의 전면을 표(表)라 하고 후면을 음(陰)이라 하여, 후면에 쓰인 문(文)을 음기(陰記)라 한다.[11]

비갈석각(碑碣石刻)의 종류 및 예는 이하 순차로 설명해 가면서 들까 한다.[11]

3) 마애석각(磨崖石刻)

마애(磨崖)라 함은 암석의 일부에 기각(記刻)한 것을 이름이니, 혹은 석각(石刻)과의 구별이 없이 쓰기도 하나 구별을 세움이 가할 것이다.

① 永郎徒南石行

고성(高城) 삼일포(三日浦) 단서석각(丹書石刻).

진흥왕대 추정. 『동국여지승람(東國輿地勝覽)』 소재. 『해동금석원(海東金石苑)』에는 "述郞徒南石行"이라 하다.

② 我人弥力柰

　貞元十七

　年辛巳

　三月十六日

　鵠巖城

　成記□

　□□□□

　□□□

　□□母弥□

　□□□

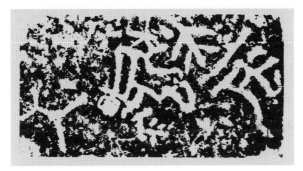

15. 남해서불제석(南海徐市題石) 탁본.

함안(咸安) 방어산(防禦山) 송방사지(松房寺址). 애장왕 2년(801).

③ 남해서불제석(南海徐市題石)

문자는 비두비주(非蚪非籒)의 괴체(怪體)로 혹왈 "徐市過之"라 하고, 혹왈 "徐市起禮日出"이라 해독하고, 후인(後人)의 위작(僞作)이라고도 한다.(도판15)

④ 洗耳嵓

하동(河東) 쌍계사(雙磎寺). 전운(傳云) 최치원(崔致遠) 필(筆).

⑤ 夜遊岩

문경(聞慶) 봉암사(鳳巖寺). 전운 최치원 필.

⑥ 月影臺

마산(馬山) 월영리(月影里). 전운 최치원 필.

⑦ 廣濟嵓門

산청(山淸) 단속사(斷俗寺). 전운 최치원 필.

⑧ 泚筆岩

합천(陜川) 해인사(海印寺). 전운 최치원 필.

⑨ 狂奔疊石吼重巒 人語難

　分咫尺間 常恐是非聲

　到耳 故敎流水盡籠山[12]

합천 해인사. 전운 최치원 필.

⑩ 廣濟

　喦門

　統和十三年乙未四月日

　書者釋惠□ 刻者釋曉禪

산청 단속사(斷俗寺). 고려 성종(成宗) 14년.

⑪ 淸平息庵

춘천(春川) 청평식암(淸平息庵). 고려 예종조(睿宗朝).

⑫ 淸平仙洞

춘천 청평식암. 고려 예종조.

이상 『조선금석총람(朝鮮金石總覽)』 상(上) 참조.

⑬ 睿王唐詩四韻

개성(開城) 안화사(安和寺). 고려 인종(仁宗) 서(書).『동국여지승람』 참조.

⑭ 盆州伊彦發

　願埋沈香三

　百條

　元統三年三月

정주(定州) 이언면(伊彦面) 침향동(沈香洞). 충숙왕(忠肅王) 복위 4년.

⑮ 여진자각(女眞字刻, 도판 16)

북청(北靑) 속후면(俗厚面) 창성리(蒼城里).

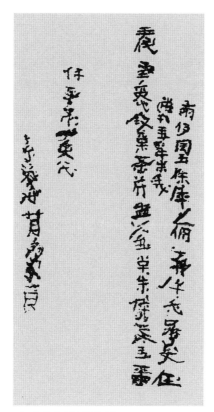

16. 여진자각(女眞字刻).

이상『조선금석총람』상 참조.

⑯ 淸遠亭

용궁성(龍宮省) 화천(火川) 동안(東岸). 여말(麗末) 김원발(金元發) 전각
(篆刻).『동국여지승람』참조.

⑰ 경주(慶州) 상인암(上人巖) 각자(刻字)

신라대.『동경잡지(東京雜誌)』참조.

4) 표주석각(標柱石刻)

표(標)라는 것은 표시(標示)의 '標'요, 주(柱)라는 것은 주석(柱石)의 '柱'니,
전자는 표시인 만큼 각문(刻文)이 본디 있는 것이나, 후자는 각문이 본의가
아니지만 어떠한 사실을 표하기 위하여 기문(記文)하는 수도 있다.

갑(甲). 표석(標石)

① 장흥(長興) 보림사(寶林寺) 장생표주(長生標柱)

장흥 보림사 보조선사창성탑비(普照禪師彰聖塔碑) 참조. 신라 경덕왕(景
德王) 18년. 지금은 없다.

② 通度寺孫仍川國長生一坐段寺
　所報尙書戶部乙丑五月日牒前
　判兒如改立令是於爲了等以立
　大安元年乙丑十二月日記

양산(梁山) 통도사(通度寺). 고려 선종(宣宗) 2년.(도판 17)

74

17. 통도사(通度寺) 국장생표석(國長生標石). 경남 양산.

③ □國長生一坐段寺

　□乙丑五月日牒前

　□是於爲了等以立□乙丑十二月日記

밀양(密陽) 무안리(武安里). 고려 선종(宣宗) 2년.

④ 도갑사(道岬寺) 국장생황장생입석(國長生皇長生立石)

연대 미상.『동국여지승람』'영암(靈岩)'조.

이상 국장생(國長生)·황장생(皇長生)은 국토영보(國土永保)·국왕장수
(國王長壽)를 기원하는 의미로, 전토(田土)의 경계표지(境界標識)라는 설이
있다.[12] 대개 사찰령구(寺刹領區)에 세우는 것으로, 소위 천하대장군(天下
大將軍)·여장군(女將軍) 등이 이에서 발전된 것이라 한다.

⑤ 운문산(雲門山) 선원장생표탑(禪院長生標塔)
천복(天福) 8년, 개운(開運) 3년.『삼국유사(三國遺事)』'보양이목(寶壤梨
木)'조.

5) 석기각(石器刻)

원래는 석기(石器)나 그곳에 기각(記刻)을 한 것이니, 혹은 석기 조성과
동시에 기명(記銘)한 것도 있을 것이요, 혹은 후에 기명(器皿)을 이용하여
기각한 것도 있을 것이다.

① 부여 석조각문(石槽刻文, 도판 18)
부여진열관(扶餘陳列館). 대개 마륵(磨泐)되었으나 현재 잔존된 문자를
보면 부여 백제탑비명(百濟塔碑銘)과 같다.
― 대당평백제국비명(大唐平百濟國碑銘)

② 新羅僊人永
郎鍊丹石臼
강릉(江陵) 자가곡면(資可谷面) 하시동리(下詩洞里). 신라 추정.

18. 부여 석조각문(石槽刻文) 탁본.

③ 취서사(鷲棲寺) 석탑사리합기(石塔舍利盒記)

경문왕(景文王) 7년. 지금 총독부박물관(總督府博物館)에 있다.『조선금
석총람』상.

6) 석경(石經)

설(說)〔『후한서(後漢書)』「채옹전(蔡邕傳)」〕에 후한 영제(靈帝) 때 채옹이
조명(朝命)을 받들어 오경(五經)을 석각하여 태학(太學)에 세운 것이 시작
이라 한다. 따라서 유교(儒敎)로부터 시작된 모양이나 후에 도교(道敎)의
석경(石經)도 생기고 불교(佛敎)의 석경도 생겼으니, 조선에는 불교의 석경
이 최고(最古) 유일의 존재로 되어 있으니, 그 유물은 현재 구례(求禮) 화엄
사(華嚴寺)에 있다. 원래 화엄사 각황전(覺皇殿) 사벽(四壁)의 벽면에 붙였
던 것으로 화엄경(華嚴經)을 전각(全刻)한 것이다.(도판 19) 신라 문무왕대
(文武王代) 작으로 추정되어 있으나, 지금은 모두 파손되어 전외(殿外)에 퇴

19. 화엄경(華嚴經) 석각 단편. 전남 구례 화엄사(華嚴寺).

적(頹積)하였으나, 조선의 진보(珍寶)일뿐더러 동양의 진보이다. 문(文)은
『조선금석총람』 상권을 참조하기 바란다.

7) 석주기(石柱記)

① 중초사(中初寺) 당간석주기(幢竿石柱記)

신라 흥덕왕(興德王) 2년. 시흥군(始興郡) 동면(東面) 안양리(安養里) 석
수동(石水洞) 중초사지(中初寺址).『조선금석총람』 참조.

8) 석등기(石燈記)

석등(石燈)은 조선에서는 불교와 함께 발전되어 후에 능묘〔陵墓, 이것을 장
명등(長明燈)이라 한다〕에까지도 사용되었으나 미술적으로 볼 만한 것은
역시 고려까지의 유물이요, 그 중에 각문(刻文)이 있는 것으로 유명한 것은
셋이 있다.

① 담양(潭陽) 개선사(開仙寺) 석등기

신라 진성왕(眞聖王) 5년. 해서(楷書). 지금 담양군(潭陽郡) 남면(南面) 학

선리(鶴仙里) 개선사지(開仙寺址)에 있다.

    文懿皇后主大娘主願燈立

    景文大王主

    繼月光前國子監卿沙干金□

    炷唐咸通九年戊子中春夕□

    中庸送上油粮黃租三百碩

    僧靈判　　　建立石燈

    龍紀三年辛亥十月日僧入雲京租

    一百碩烏乎比所里公書俊休口人(土南地宅土西川東令行土北同)

    奥畓十結(畦田南池宅土　□東令行土西北同)

    常買其分石保坪大業渚畓四結(□□□□□□)

② 나주(羅州) 서문(西門) 내 석등기

고려 선종 10년. 해서(楷書). 지금 경성 총독부박물관에 있다.

    南贍部洲高麗國羅州

    中興里□長羅在□應

    □□□□光□□□□

    聖壽天長百穀豊登

    錦邑安泰富貴恒存

    願以燈龕一座石造排立

    三世諸佛聖永獻供養

      大安九年癸酉七月日謹記

③ 광주읍내(光州邑內) 석등기

연시(年時) 미상. 해서(楷書). 원래 광주읍 남문 내에 있었으나 지금은 도청 관사 안으로 옮겼다.

□三□□□三途滯□□
刹□□□□一座□　者
□□□□□□□修□□
再後證菩□□□□□

9) 석탑기(石塔記)

탑이라 함은 솔탑파(率塔婆)라는 것의 약칭이니, 불사리(佛舍利)를 봉안하기 위한 불교적 건물이다. 인도에서 시작되어 서역(西域)과 중국을 거쳐 조선에 수입되는 동안에 여러 가지 형식과 재료의 변천이 있었으나, 조선에서는 남달리 석탑이 매우 발전되어 타국(他國)에 없는 특색을 이루었음은 필자의 미술사에 의해서도 알 것이다. 그 중에 석탑 면에는 기각(記刻)을 한 것도 생겼으니, 조탑(造塔)의 연대, 조탑의 연기(緣起) 등이 주제가 되어 있고, 문중(文中)에는 과거의 이두체(吏讀體)도 있어 여러 가지로 중요시할 만하다. 고려조까지의 예를 들면 다음과 같다.

① 갈항사(葛項寺) 석탑기

신라 원성왕시(元聖王時) 각(刻). 행서(行書). 원래 김천군(金泉郡) 남면(南面) 오봉리(梧鳳里)에 있었으나 지금은 경성 총독부박물관에 있다.

二塔天寶十七年戊戌中立在之
娚姉妹三人業以成在之

娚者零妙寺言寂法師在旀

姉者　照文皇太后君妳在旀

妹者　敬信大王妳在也

② 개심사(開心寺) 석탑기

　고려 현종(顯宗) 원년. 해서(楷書). 지금 예천군(醴泉郡) 예천면(醴泉面) 남본동(南本洞) 개심사지(開心寺址)에 있다.

上元甲子四十七統和二十七庚戌年二月一日正骨開心寺

到石析三月三日光軍寸六隊車十八牛一千以十間入矣僧

俗娘合一萬人了入彌助香徒上社神順廉長司正順行典福宣金由工達孝順位剛香德貞

喦等卅六人椎香徒上社京成仙郞(光叶金叶) 阿志大舍香式金哀位奉楊寸(能廉隊正等四十人邦祐)

其豆昕京位剛侟平(矣典)次衣等五十人

③ 사자빈신사(獅子頻迅寺) 석탑기(도판 20-21)

　고려 현종 13년. 해서(楷書). 지금 제천군(堤川郡) 한수면(寒水面) 동창사동(東倉寺洞)에 있다.

佛弟子高麗國中州月

岳師子頻迅寺棟梁

　奉爲　代代

聖王恒居萬歲天下大

平法輪常傳此界他方

20-21. 사자빈신사(獅子頻迅寺) 석탑(위)
및 석탑기(石塔記) 세부(아래).
충북 제천.

永消怨懟後愚生婆娑

卽知花藏迷生卽悟正

覺　敬造九層

石塔一坐永充供養

大平二年四月日謹記

④ 보현사(普賢寺) 석탑기

고려 정종(靖宗) 10년 추정. 해서(楷書). 지금 영변군(寧邊郡) 북신면(北薪面) 하향동(下香洞)에 있다.

⑤ 신광사(神光寺) 석탑기

고려 충혜왕(忠惠王) 복위 3년. 해서(楷書). 지금 해주군(海州郡) 석동면(席洞面) 신광리(神光里)에 있다.

⑥ 정도사(淨兜寺) 오층석탑기

고려 현종(顯宗) 22년, 해서(楷書). 원래 칠곡군(漆谷郡) 약목면(若木面) 복성리(福星里)에 있었는데 지금은 경성 총독부박물관에 있다.

△釋知▽

特爲

家國恒安兵戈永

息百穀豊登敬造

此塔永充

供養

太平十一(□未)正月 日

△願▽

⑦ 홍국사(興國寺) 석탑기

현종 12년. 해서(楷書). 지금 개성부립박물관(開城府立博物館)에 있다.

10) 석각잡류(石刻雜類)

상술한 부류 외에 어떠한 석면(石面)에 간단한 석각(石刻)을 베푼 것이 혹
간(或間) 있으니, 예컨대 영주(榮州) 부석사(浮石寺) 무량수전(無量壽殿) 석
폐면(石陛面)에 "忠原道赤花面(충원도적화면)" "石匠手金愛先(석장수금애
선)"이란 해서(楷書) 석각이 그 예다. '충원도(忠原道)'라 함은 충주(忠州)를
말함이니, 고려 성종(成宗) 14년에 제정된 것은 중원도(中原道)요 충원도
(忠原道)가 아닌즉, 지리학상 천명(闡明)을 요하는 문제요, 따라서 그 천명
으로 말미암아 건축 그 자체의 조건연대(造建年代)도 문제되는 것이다.

10. 탑지류(塔誌類)

탑지(塔誌)라는 것은 탑내(塔內)에 안치하였던 것을 이름이니, 석류(石
類)·동철류(銅鐵類)·지포류(紙布類) 등 각종 재료에 기문(記文)한 것이 보
인다.

① 창림사(昌林寺) 무구정탑원기(無垢淨塔願記)

자체(字體) 쌍구(雙鉤). 해서(楷書). 지금 경성 아유가이 후사노신(鮎貝方
之進) 씨가 소장하고 있다. 신라 문성왕(文聖王) 17년. 『청구학총(靑丘學
叢)』 제15호 스에마쓰 야스카즈(末松保和)의 논문 참조.

國王慶膺造無垢淨塔願記

　　　　翰林郎新授秋城郡太守臣金立之奉　教撰

聞經之言有爲功德厥數萬端而利物

無邊者莫若崇建塔廟伏以

國王曆劫修善位冠人天而恐有情之

沈浮苦海環廻六途將設拯濟之門

導引淨域者無越於建立无垢淨塔

於是竭罄至誠誓渡含靈爰選海內

之匠以採他山之石雕鐫累塔藏諸

舍利恭願此功德廣越天潯高蹤

有頂利彼蠢動含靈復願

國王永主人天會其報盡之日捨粟

散之名齊於无上之位

　　　　維唐大中九年歲在乙亥夏首閏月日　建

(裏面)

奉　教宣修造塔使從弟舍知行熊州祁梁縣令金銳

都監修造大德判政法事　啓玄

檢校修造僧前奉德寺上座　淸玄

專知修造僧康州咸安郡統　敎章

同監修造使從叔行武州長史　金繼宗

同監修造使從叔新授康州泗水縣令　金勳榮

檢校使阿干前執事侍郎　金元弼

檢校副使守溟州別駕　金　嶷寧

專知修造官洗宅大奈末行西林郡太守　金梁博

勾當修造官前倉府史　金　奇言

勾當修造官前倉府史　金　朴基

② 흥법사(興法寺) 염거화상탑지(廉居和尙塔誌)(도판 22-23)

③ 취서사(鷲棲寺) 석탑사리합기(石塔舍利盒記)

④ 보림사(寶林寺) 석탑지(石塔誌)

⑤ 정도사(淨兜寺) 오층석탑 조성형지기(造成形止記)(도판 24) 및 청동합
　자(靑銅盒子)

현종 22년. 지금 경성 총독부박물관에 있다.

22-23. 흥법사(興法寺) 염거화상탑(廉居和尙塔, 왼쪽)과 탑지(塔誌) 세부(오른쪽). 강원 원주.

24. 정도사(淨兜寺) 오층석탑(五層石塔) 조성형지기(造成形止記). 경북 칠곡.

⑥ 영전사(令傳寺) 보제존자탑지(普濟尊者塔誌)
우왕(禑王) 14년. 지금 경성 총독부박물관에 있다.

⑦ 은제도금사리탑기(銀製鍍金舍利塔記)
우왕 17년. 지금 경성 총독부박물관에 있다.

奮忠定難

匡復燮理

佐命功臣

壁上三韓

三重大匡

守門下侍中

李成桂

三韓國大

夫人康氏

勿其氏

洪武二十四年辛未二月日

11. 탑비(塔碑)

탑비라 함은 탑의 조성에 대한 기실비(紀實碑)라 함이 가할 것이나, 실은
불탑(佛塔)의 조성비가 아니요 승려의 묘탑비(墓塔碑)를 두고 뜻한다.

　나대(羅代) 이래 불교가 국가적으로 중시되고 승직(僧職)이 설정됨으로
부터 승려에 대한 존숭이 극독(極篤)하여, 명승(名僧)이 천화(遷化)하면 곧
폐조(廢朝) 증부(贈賻)하고 시호(諡號)와 탑명(塔名)을 내리며 일대(一代)의
문신(文臣)으로 하여금 풍비(豊碑)를 수립(樹立)케 하나니, 이 제도가 언제
부터 시작되었는지는 의문이나, 현재 탑비의 예로서 가장 오래인 것은 혜
공왕대(惠恭王代)의 고선사(高仙寺) 서당화상(誓幢和尙)의 비이다.(도판 25)
『삼국유사』에 보이는 삼랑사(三郎寺)의 비〔신문왕대, 석(釋) 현본(玄本) 찬
(撰)〕는 석(釋) 경흥(憬興)의 사실이 보이나 탑비가 아닐 듯싶고, 같은 책에
보이는 부석본비(浮石本碑)는 의상(義湘)의 비이나 역시 탑비인지는 의문
이다. 김용행(金用行) 찬의 아도비(阿道碑)도 물론 탑비가 아니다. 이렇게
보면 탑비는 혜공왕대 이후에 비로소 유행되기 시작한 듯하며, 더욱이 선
교(禪敎)가 성행되기 시작한 이후 성행된 듯하다. 탑비의 유행은 탑과 비의
예술작품의 발달을 촉진하였음은 물론이요, 미문(美文)과 명필(名筆)이 많

25. 고선사(高仙寺) 서당화상비(誓幢和尙碑) 단편 탁본.

고 사궐(史闕)의 보충됨이 많은 점에서, 다른 어느 금석문보다도 중요한 한 자료를 형성하고 있다. 현재에는 비록 도괴되고 산일된 것이 많다 할지나, 편편(片片)한 파문(破文)에서도 전후 사실이 연락(連絡)되어 석명(釋明)되는 점에서 중시할 필요가 있다 하겠다. 이곳에서도 여조(麗朝)까지의 것을 나열한다.

① 경주(慶州) 고선사(高仙寺) 서당화상탑비(誓幢和尙塔碑)

혜공왕대(惠恭王代) 추정. 찬(撰)·서(書) 모두 미상(未詳). 지금 경성 총독부박물관에 있다.

② 단성(丹城) 단속사(斷俗寺) 신행선사비(神行禪師碑)

헌덕왕(憲德王) 5년. 김헌정(金獻貞) 찬, 석(釋) 영업(靈業) 서. 지금은 없다.

③ 곡성(谷城) 대안사(大安寺) 적인선사조륜청정탑비(寂忍禪師照輪淸淨
　塔碑)

경문왕(景文王) 12년. 최하(崔賀) 찬, 극일(克一) 서. 지금은 없다.

④ 장흥(長興) 보림사(寶林寺) 보조선사창성탑비(普照禪師彰聖塔碑)

헌강왕(憲康王) 10년. 김영(金穎) 찬, 김원(金薳) 서, 김언경(金彦卿) 보서
(補書). 지금 이 절에 있다.

⑤ 양양(襄陽) 사림사(沙林寺) 홍각선사비(弘覺禪師碑)

헌강왕(憲康王) 12년. 찬자 미상, 승(僧) 운철(雲徹) 집(集) 왕희지서(王羲
之書). 지금 경성 총독부박물관에 있다.

⑥ 여주(驪州) 고달원(高達院) 원감대사탑비(圓鑑大師塔碑)

헌강왕대 추정. 지금은 없다.

⑦ 하동(河東) 쌍계사(雙磎寺) 진감선사대공탑비(眞鑑禪師大空塔碑)(도판
　26-27)

정강왕(定康王) 2년. 최치원(崔致遠) 찬병서(撰並書). 지금 이 절에 있다.

⑧ 보령(保寧) 성주사(聖住寺) 낭혜화상백월보광탑비(郎慧和尚白月葆光
　塔碑)

진성왕(眞聖王) 4년. 최치원 찬, 최인연(崔仁渷) 서. 지금 이 절터에 있다.

26-27. 쌍계사(雙磎寺) 진감선사대공탑비(眞鑑禪師大空塔碑, 왼쪽)와
비문 세부(오른쪽). 경남 하동.

⑨ 제천(堤川) 월광사(月光寺) 원랑선사대보선광탑비(圓朗禪師大寶禪光
   塔碑)
진성왕 4년. 김영 찬, 석 순몽(淳蒙) 서. 지금 이 절터에 있다.

⑩ 남원(南原) 심원사(深源寺) 수철화상능가보월탑비(秀徹和尙楞伽寶月
   塔碑)
진성왕 7년. 조선 숙종(肅宗) 40년 재건. 찬·서 미상. 지금 실상사(實相
寺)에 있다.

⑪ 문경(聞慶) 봉암사(鳳巖寺) 지증대사적조탑비(智證大師寂照塔碑)
경명왕(景明王) 8년. 최치원 찬, 석 혜강(彗江) 서. 지금 이 절에 있다.

⑫ 창원(昌原) 봉림사(鳳林寺) 진경대사보월능공탑비(眞鏡大師寶月凌空
　塔碑)

경명왕 8년. 최인연 찬, 승 행기(幸期) 서. 지금 경성 총독부박물관에 있
다.

부(附)―승(僧) 승전비(勝詮碑)

· 의상비(義湘碑)―설모(薛某) 찬.

· 해주(海州) 광조사(廣照寺) 진철대사보월승공탑비(眞澈大師寶月乘空塔
　碑)―태조(太祖) 20년. 최언위(崔彦撝) 찬, 이환상(李奐相) 서. 지금 이
　절터에 있다.

· 지평(砥平) 보리사(菩提寺) 대경대사현기탑비(大鏡大師玄機塔碑)―태
　조 22년. 최언위 찬, 이환추(李奐樞) 서. 지금 경복궁(景福宮)에 있다.

· 영주(榮州) 비로암(毘盧庵) 진공대사보법탑비(眞空大師普法塔碑)―태
　조 22년. 최언위 찬, 이환추 서. 지금 이 절에 있다.

· 강릉(江陵) 지장선원(地藏禪院) 낭원대사오진탑비(朗圓大師悟眞塔碑)
　―태조 23년. 최언위 찬, 구족달(仇足達) 서. 지금 보현사(普賢寺)에 있
　다.

· 원주(原州) 흥법사(興法寺) 진공대사탑비(眞空大師塔碑)(도판 28)―태
　조 23년. 태조 찬, 최광윤(崔光胤) 집(集) 당태종서(唐太宗書). 지금 경
　성 총독부박물관에 있다.

· 영주 경청선원(境淸禪院) 자적선사능운탑비(慈寂禪師凌雲塔碑)

· 충주(忠州) 정토사(淨土寺) 법경대사자등탑비(法鏡大師慈燈塔碑)(도판
　29-30)―태조 26년. 최언위 찬, 구족달 서. 지금 이 절에 있다.

· 영월(寧越) 흥녕사(興寧寺) 징효대사보인탑비(澄曉大師寶印塔碑)―혜
　종(惠宗) 원년. 최언위 찬, 최윤(崔潤) 서. 지금 이 절터에 있다.

28. 홍법사(興法寺) 진공대사탑비(眞空大師塔碑) 탁본.

29-30. 정토사(淨土寺) 법경대사자등탑비(法鏡大師慈燈塔碑, 왼쪽)와
탁본 세부(오른쪽). 충북 충주.

· 개성(開城) 오룡사(五龍寺) 법경대사보조혜광탑비(法鏡大師普照彗光塔
  碑)—혜종 원년. 찬자(撰者) 미상. 석 선경(禪局) 서. 지금 이 절터에 있
  다.
· 개성 적조사(寂照寺) 요오화상탑비(了悟和尙塔碑)—미상.
· 강진(康津) 무위사(無爲寺) 선각대사편광탑비(先覺大師遍光塔碑)—광
  종(光宗) 원년. 최언위 찬, 유훈율(柳勳律) 서. 지금 이 절에 있다.
· 곡성 대안사 광자대사비(廣慈大師碑)—광종 원년. 손소(孫紹) 찬. 지금
  이 절에 있다.
· 봉화(奉化) 태자사(太子寺) 낭공대사백월서운탑비(郎空大師白月栖雲塔
  碑)—광종 5년. 비음(碑陰) 순백(純白) 술(述), 최인연(崔仁渷) 찬, 석 단

목(端目) 집(集) 김생서(金生書). 지금 경성 본부박물관(本府博物館)에 있다.

· 광양(光陽) 옥룡사(玉龍寺) 동진대사보운탑비(洞眞大師寶雲塔碑)—광종 9년. 김정언(金廷彦) 찬, 석 현가(玄可) 서. 지금 이 절터에 있다.〔동진대사는 『동국여지승람』에서 말한 이엄(理嚴)인가?〕

· 문경 봉암사 정진대사원오탑비(靜眞大師圓悟塔碑)—광종 16년. 이몽유(李夢游) 찬, 장단열(張端說) 서. 지금 이 절에 있다.

· 여주 고달원 원종대사혜진탑비(元宗大師惠眞塔碑)—광종 26년. 김정언 찬, 장단열 서. 지금 경성 본부박물관에 있다.

· 단성 단속사 진정대사탑비(眞定大師塔碑)—광종 26년. 김은주(金殷舟) 찬. 지금 경성 본부박물관에 있다.

· 연풍(延豊) 각연사(覺淵寺) 통일대사탑비(通一大師塔碑)—광종대. 김정언 찬(?). 지금 이 절에 있다.

· 서산(瑞山) 보원사(普願寺) 법인국사보승탑비(法印國師寶乘塔碑)—경종(景宗) 3년. 김정언 찬, 한윤(韓允) 서. 지금 이 절터에 있다.

· 구례(求禮) 연곡사(燕谷寺) 현각선사탑비(玄覺禪師塔碑)—경종 4년. 왕융(王融) 찬, 장신원(張信元) 서. 지금은 없다.

· 산청(山淸) 지곡사(智谷寺) 진관선사비(眞觀禪師碑)—성종(成宗) 13년. 손몽주(孫夢周) 찬, 홍협(洪協) 서. 지금은 없다.

· 충주 정토사 홍법국사실상탑비(弘法國師實相塔碑)—현종(顯宗) 8년. 손몽주 찬. 지금 경성 본부박물관에 있다.

· 원주 거돈사(居頓寺) 원공국사승묘탑비(圓空國師勝妙塔碑)(도판 31-32)—현종 16년. 최충(崔沖) 찬, 김거웅(金巨雄) 서. 지금 이 절터에 있다.

· 산청 지곡사 승혜월비(僧慧月碑)—손몽주 찬. 지금은 없다.

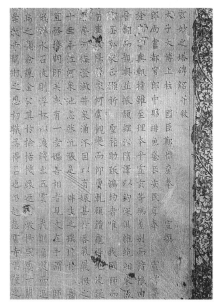

31-32. 거돈사(居頓寺) 원공국사승묘탑비(圓空國師勝妙塔碑, 왼쪽)와 비문 세부(오른쪽).
강원 원주.(위)

33-34. 법천사(法泉寺) 지광국사현묘탑비(智光國師玄妙塔碑, 왼쪽)와 비문 세부(오른쪽).
강원 원주.(아래)

· 봉화 태자사 승통진탑비(僧通眞塔碑)—김심언(金審言) 찬. 미상.

· 순흥(順興) 부석사(浮石寺) 원융국사비(圓融國師碑)—문종(文宗) 8년. 고청(高聽) 찬, 임호(林顥) 서. 지금 이 절에 있다.

· 죽산(竹山) 칠장사(七長寺) 혜소국사탑비(慧炤國師塔碑)—문종 14년. 김현(金顯) 찬, 민상제(閔賞濟) 서. 지금 이 절에 있다.

· 고양(高陽) 삼천사(三川寺) 대지국사비(大智國師碑)—문종 어필(御筆), 이영간(李靈幹) 찬. 지금은 없다.

· 원주 법천사(法泉寺) 지광국사현묘탑비(智光國師玄妙塔碑)(도판 33-34)—선종(宣宗) 2년. 정유산(鄭惟産) 찬, 안민후(安民厚) 서. 지금 이 절터에 있다.

· 김제(金堤) 금산사(金山寺) 혜덕왕사진응탑비(慧德王師眞應塔碑)—예종(睿宗) 6년. 지금 이 절에 있다.

· 개성 영통사(靈通寺) 대각국사비(大覺國師碑)—인종(仁宗) 3년. 김부식(金富軾) 찬, 오언후(吳彦侯) 서. 비음(碑陰) 석 혜소(惠素), 영근(英僅) 서. 지금 이 절터에 있다.

· 합천(陜川) 반야사(般若寺) 원경왕사비(元景王師碑)—인종 3년. 김부일(金富佾) 찬, 이원부(李元符) 서. 지금 이 절터에 있다.

· 칠곡(漆谷) 선봉사(僊鳳寺) 대각국사비(大覺國師碑)—인종 10년. 임존(林存) 찬, 승 인(麟) 서. 지금 이 절터에 있다.

· 청도(淸道) 운문사(雲門寺) 원응국사비(圓應國師碑)—의종(毅宗) 원년. 윤언이(尹彦頤) 찬. 지금 이 절에 있다.

· 광양 옥룡사 선각국사증성혜등탑비(先覺國師證聖慧燈塔碑)—의종 4년. 최유청(崔惟淸) 찬. 지금은 없다.

· 단성 단속사 대감국사탑비(大鑑國師塔碑)—명종(明宗) 2년. 이지무(李之茂) 찬, 승 기준(機俊) 서. 지금은 없다.

· 영동(永同) 영국사(寧國寺) 원각국사비(圓覺國師碑)―명종 10년. 한문
준(韓文俊) 찬, 최선(崔詵) 서. 지금은 없다.

· 경주 분황사(芬皇寺) 화쟁국사비(和諍國師碑)―명종대. 한문준 찬. 지
금은 없다.

· 영월 흥교사(興敎寺) 원경국사비(元敬國師碑)―명종대. 비음(碑陰) 최
선(崔詵) 찬. 미상.

· 용인(龍仁) 서봉사(瑞峰寺) 현오국사비(玄悟國師碑)―명종 15년. 이지
명(李知命) 찬, 유공권(柳公權) 서. 지금 이 절터에 있다.

· 고성(高城) 발연사(鉢淵寺) 나승(羅僧) (진표)율사장골탑비〔(眞表)律師
藏骨塔碑〕―신종(神宗) 2년. 석 영잠(瑩岑) 찬, 이자림(李子琳) 서. 지금
이 절터에 있다.

· 순천(順天) 송광사(松廣寺) 불일보조국사비(佛日普照國師碑)―희종(熙
宗) 7년. 김군수(金君綏) 찬, 유신(柳伸) 서. 미상.

· 영일(迎日) 보경사(寶鏡寺) 원진국사비(圓眞國師碑)―고종(高宗) 11년.
이송로(李松老) 찬, 김효인(金孝印) 서. 지금 이 절에 있다.

· 순천 송광사 진각국사정조탑비(眞覺國師靜照塔碑)―고종 22년. 이규
보(李奎報) 찬, 김효인 서. 지금 이 절에 있다.

· 강진 월남사(月南寺) 승진각비(僧眞覺碑)―이규보 찬. 미상.

· 장단(長湍) 화장사(華藏寺) 정각국사탑비(靜覺國師塔碑)―고종 16년.
이규보 찬. 미상.

· 강진 백련사(白蓮社) 원묘국사중진탑비(圓妙國師中眞塔碑)―고종 32
년. 최자(崔滋) 찬. 미상.

· 진주(晉州) 자운사(慈雲寺) 진명국사보광탑비(眞明國師普光塔碑)―원
종(元宗) 13년. 김구(金坵) 찬. 미상.

· 홍양(興陽) 불대사(佛臺寺) 자진원오국사정조탑비(慈眞圓悟國師靜照塔

碑)―충렬왕(忠烈王) 12년. 이익배(李益培) 찬. 미상.

· 의흥(義興) 인각사(麟角寺) 보각국사정조탑비(普覺國師靜照塔碑)―충
렬왕 21년. 민지(閔漬) 찬, 죽허(竹虛) 집(集) 왕희지서(王羲之書). 지금
이 절에 있다.

· 공산(公山) 동화사(桐華寺) 홍진국존진응탑비(弘眞國尊眞應塔碑)―충
렬왕 24년. 김훤(金晅) 찬, 김순(金恂) 서. 지금은 없다.

· 순천 정혜사(定慧寺) 원감비(圓鑑碑)―김훤 찬. 미상.

· 순천 송광사 혜감국사광조탑비(慧鑑國師廣照塔碑)―충숙왕(忠肅王) 6
년. 이제현(李齊賢) 찬. 지금은 없다.

· 밀양(密陽) 영원사(瑩原寺) 보감국사묘응탑비(寶鑑國師妙應塔碑)―충
숙왕 9년. 이제현 찬. 지금은 없다.

· 보은(報恩) 법주사(法住寺) 자정국존보명탑비(慈淨國尊普明塔碑)(도판
35)―충혜왕(忠惠王) 복위 3년. 이숙기(李叔琪) 찬, 전원발(全元發) 서.
지금 이 절에 있다.

· 영광(靈光) 불갑사(佛岬寺) 각진국사자운탑비(覺眞國師慈雲塔碑)―공
민왕(恭愍王) 8년. 이달충(李達衷) 찬. 미상.

· 양주(楊州) 회암사(檜巖寺) 선각왕사비(禪覺王師碑)―우왕(禑王) 3년.
이색(李穡) 찬, 권중화(權仲和) 서. 지금 이 절에 있다.

· 여주 신륵사(神勒寺) 보제선사사리석종비(普濟禪師舍利石鐘碑)―우왕
5년. 이색 찬, 한수(韓脩) 서. 지금 이 절에 있다.

· 영변(寧邊) 안심사(安心寺) 지공나옹사리석종비(指空懶翁舍利石鐘
碑)―우왕 10년. 이색 찬, 권주(權鑄) 서. 지금 이 절에 있다.

· 고양 태고사(太古寺) 원증국사탑비(圓證國師塔碑)(도판 36)―우왕 11
년. 이색 찬, 권주 서. 지금 이 절에 있다.

· 수원(水原) 창성사(彰聖寺) 진각국사대각원조탑비(眞覺國師大覺圓照塔

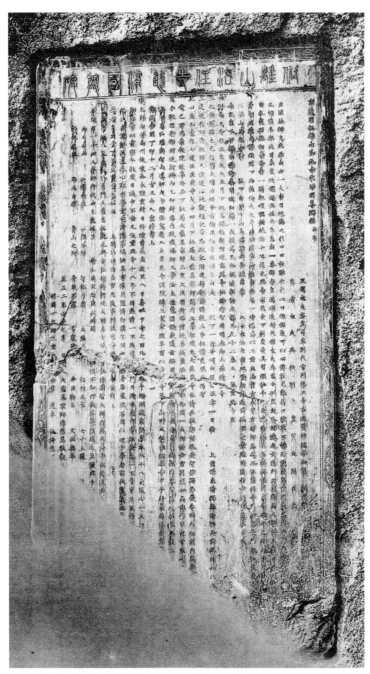

35. 법주사(法住寺) 자정국존보명탑비(慈淨國尊普明塔碑). 충북 보은.

36. 태고사(太古寺) 원증국사탑비(圓證國師塔碑) 부분. 경기 고양.

碑)─우왕 12년. 이색 찬. 지금 이 절에 있다.

· 지평 윤필암(潤筆庵) 나옹부도명(懶翁浮屠銘)─이색 찬. 미상.

· 양평(楊平) 사나사(舍那寺) 원증국사사리석종비(圓證國師舍利石鐘
   碑)─우왕 12년. 정도전(鄭道傳) 찬, 석 의문(誼聞) 서. 지금 이 절에 있
   다.

· 남원 실상사(實相寺) 응료탑비(凝蓼塔碑)─미상.

· 선산(善山) 주륵사(朱勒寺) 승혜각비(僧彗覺碑)─미상. 안진(安震) 찬.

12. 사찰기적비(寺刹記蹟碑)

사찰의 창개(創開) · 연기(緣起) · 중보(重補) · 수탑(修塔) · 조상(造像), 기타
각종의 사찰에 관계되는 사실을 기각(記刻)한 비갈류(碑碣類)를 이곳에 열

37. 사천왕사비(四天王寺碑) 단편.

거한다.

　① 경주 사천왕사비(四天王寺碑)(도판 37)
　문무왕대(文武王代) 추정. 지금 경성 본부박물관(本府博物館)에 있다(파편).

　② 경주 삼랑사비〔三郞寺碑, 석 경흥비(憬興碑)?〕
　신문왕대(神文王代). 석 현본(玄本) 찬(?). 『삼국유사(三國遺事)』. 지금은 없다.

　③ 경주 무장사(鍪藏寺) 아미타여래조상사적비(阿彌陀如來造像事蹟碑)
　애장왕(哀莊王) 2년. 김육진(金陸珍) 찬·서. 지금 경성 본부박물관에 있다.

④ 경주 창림사비(昌林寺碑)

김생(金生) 서. 지금은 없다.

⑤ 보령 성주사비(聖住寺碑)

문성왕대(文聖王代)(?). 김입지(金立之) 찬. 지금은 없다.

⑥ 경주 삼랑사비(三郞寺碑)

경문왕대(景文王代)(?). 박거물(朴居勿) 찬(?), 요극일(姚克一) 서.『삼국사기(三國史記)』. 지금은 없다.

⑦ 상주(尙州) 심묘사비(深妙寺碑)

헌강대왕(憲康大王) 친찬(親撰). 지금은 없다.

⑧ 경주 숭복사비(崇福寺碑)

진성왕대(眞聖王代). 최치원 찬. 지금은 없다.

⑨ 경주 영묘사비(靈妙寺碑)

⑩ 경주 유덕사비(有德寺碑)

⑪ 개성 현화사비(玄化寺碑)(도판 38-39)

현종(顯宗) 12년. 주저(周佇) 찬, 채충순(蔡忠順) 서. 어서(御書) 전액(篆額). 비음(碑陰) 채충순 찬병서(撰並書). 지금 이 절터에 있다.

38-39. 현화사비(玄化寺碑, 왼쪽)와 비음(碑陰) 탁본 세부(오른쪽). 경기 개풍.

② 천안(天安) 봉선홍경사갈(奉先弘慶寺碣)

현종 17년. 최충(崔沖) 찬, 백현례(白玄禮) 서. 지금 이 절터에 있다.

③ 춘천 문수원중수비(文殊院重修碑)(도판 40-41)

인종(仁宗) 8년. 김부철(金富轍) 기(記). 비음(碑陰) 혜소(惠素) 찬, 탄연(坦然) 서. 지금 이 절에 있다.

④ 시흥(始興) 안양사(安養寺) 칠층탑명(七層塔銘)

인종 9년. 김부철 찬, 이원부(李元符) 서. 지금은 없다.

40-41. 문수원중수비(文殊院重修碑, 왼쪽)와 탁본 세부(오른쪽). 강원 춘천.

⑤ 영변 보현사비(普賢寺碑)

인종 19년. 어필(御筆) 제액(題額). 김부식(金富軾) 찬, 문공유(文公裕) 서.
지금 이 절에 있다.

⑥ 순안(順安) 법흥사비(法興寺碑)

김부식 찬. 미상.

⑦ 고양 승가굴중수기(僧伽窟重修記)

박오(朴顤) 찬, 석 탄연 서. 미상.

⑧ 예천(醴泉) 북룡사비(北龍寺碑)

석 탄연 서. 미상.

⑨ 예안(醴安) 용수사개창기비(龍壽寺開創記碑)

명종(明宗) 11년. 최선(崔詵) 기. 지금은 없다.

⑩ 금산(金山) 직지사대장당비(直指寺大藏堂碑)

명종대. 임민비(林民庇) 찬. 지금은 없다.

⑪ 예천 용문사중수비(龍門寺重修碑)(도판 42)

명종 15년. 이지명(李知命) 술(述), 연의(淵懿) 서. 지금 이 절에 있다.

⑫ 순천 수선사비(修禪寺碑)

명종대. 승 기준(機俊) 서. 지금은 없다.

⑬ 춘천 문수사장경비(文殊寺藏經碑)

충숙왕(忠肅王) 14년. 이제현(李齊賢) 찬, 석 성징(性澄) 서. 지금은 없다.

⑭ 개성 묘련사중흥비(妙蓮寺重興碑)

충숙왕 복위 5년. 이제현 찬. 지금은 없다.

⑮ 장단 선흥사비(禪興寺碑)

이제현 찬. 지금은 없다.

42. 용문사중수비(龍門寺重修碑) 부분. 경북 예천.

⑯ 광주(廣州) 신복사중흥비(神福寺重興碑)

충숙왕대. 이곡(李穀) 찬. 지금은 없다.

⑰ 상릉 염양사중흥비(艶陽寺重興碑)

충혜왕(忠惠王) 복위 5년. 이곡 찬. 지금은 없다.

⑱ 회양(淮陽) 장안사중수비(長安寺重修碑)

충목왕(忠穆王) 원년. 이곡 찬. 지금은 없다.

⑲ 회양 표훈사상주분량기(表訓寺常住分粮記)

충목왕대 추정. 원인(元人) 양재(梁載) 찬, 권한공(權漢功) 서. 미상.

43-44. 보광사중창비(普光寺重創碑, 왼쪽)와 비문 세부(오른쪽). 충남 부여.

⑳ 회양 표훈사비(表訓寺碑)

미상.

㉑ 강릉 월정사시장경비(月精寺施藏經碑)

충숙왕 후원(後元) 8년. 이제현 찬, 석 종고(宗古) 서. 미상.

㉒ 임천(林川) 보광사중창비(普光寺重創碑)(도판 43-44)

공민왕(恭愍王) 7년. 조선 영조(英祖) 26년 재건. 원인(元人) 위소(危素) 찬, 양지(楊池) 서, 주백기(周伯琦) 전(篆). 지금 이 절터에 있다.

㉓ 개성 광통보제선사비(廣通普濟禪寺碑)

우왕(禑王) 3년. 이색(李穡) 찬, 한수(韓脩) 서, 권중화(權仲和) 전. 지금 이 절터에 있다.

㉔ 여주 신륵사대장각기비(神勒寺大藏閣記碑)

우왕 9년. 이숭인(李崇仁) 기(記). 지금 이 절에 있다.

부(附)

· 개성 흥왕사비(興王寺碑)—숙종(肅宗) 2년. 이정공(李靖恭) 찬.
· 흥천사비(興天寺碑)—'충숙왕(忠肅王) 5년'조.

13. 순수(巡狩)·척경(拓境)·강계비갈류(彊界碑碣類)

순수(巡狩)라는 것은 왕이 중신(衆臣)으로 더불어 국내를 순방하는 것이니, 『서경(書經)』「순전(舜典)」에는 "五載一巡狩 오 년에 한 차례 순수한다"라 하고, 『맹자(孟子)』「양혜왕(梁惠王)」장에는 "天子適諸侯曰巡狩 천자가 제후에게 가는 것을 순수라 한다"[13]라 하였다. 하지만 조선에서는 척경(拓境)과 함께 행했음이 신라의 유비(遺碑)에서 보인다. 강계비(彊界碑)는 조선 중엽(숙종 38년)의 백두산정계비(白頭山定界碑)와 같이 피아(彼我)의 국경계표(國境界標)이나, 신라의 순수척경비(巡狩拓境碑)는 일종의 강계비적 의미도 부대(副帶)하고 있다.

강계비로서 조선의 최고(最古)한 예로는 『고려사(高麗史)』「윤관열전(尹瓘列傳)」에 보이는 고구려의 강계비이니, 기문(其文)에

女眞本高句麗之部落聚居于蓋馬山東 … 其地方三百里 東至于大海 西北介于

蓋馬山 南接于長定二州 山川之秀麗 土地之膏腴可以居吾民 而本高句麗之所有
也 其古碑遺跡尙有存焉 云云

  여진은 본시 고구려의 한 부락으로 개마산 동편에 모여 살면서… (점령한) 그 지방은
길이가 삼백 리며, 동녘으로는 대해에 접했고, 서북방에는 개마산을 끼고 있으며, 남녘
으로는 장주(長州)와 정주(定州) 두 고을에 연접해 있다. 산천이 수려하고 토지가 비옥하
고 넉넉하여 우리 백성들이 거주할 만한데, 본래 고구려의 소유였다. 그 옛 비석과 유적
이 (오히려) 오늘까지도 남아 있다. 운운

이라 한 것이 그것이다. 그러나 그 유비가 지금도 그저 있을는지 의문이요,
조선의 순수척경비로 가장 유명한 것은 신라 진흥왕(眞興王)의 순수척경비
일까 한다.

  ① 경상남도 창녕군(昌寧郡) 창녕읍(昌寧邑) 말흘리비(末屹里碑)(진흥왕
  22년)(도판 45-46)
  ② 함경남도 이원군(利原郡) 동면(東面) 만덕산비(萬德山碑)(진흥왕 29
  년)
  ③ 함경남도 함흥군(咸興郡) 하기천면(下岐川面) 진흥리비(眞興里碑)(진
  흥왕대 29년 추정)
  ④ 경기도 고양군(高陽郡) 은평면(恩平面) 신영리(新營里) 비봉비(碑峰
  碑)(진흥왕대 추정)(도판 47-48)

이에 대해서는 일찍이 김정희(金正喜)의 『완당집(阮堂集)』에,

大槩此碑非徒爲我東金石之祖新羅封疆以國乘攷之纔及於比列忽(卽安邊)不
因此碑何以更知其遠及於黃草嶺耶金石之有勝於史乘如是古人所以寶重金石豈

45-46. 신라 진흥왕(眞興王) 척경비(拓境碑, 왼쪽)와 탁본 세부(오른쪽). 경남 창녕.(위)
47-48. 신라 진흥왕 순수비(巡狩碑, 왼쪽)와 탁본 세부(오른쪽). 경기 고양.(아래)

止於一古物而其耶

대개 이 비는 우리 동방의 금석의 조종(祖宗)일 뿐만 아니라, 신라의 경계를 봉한 것에 대하여 나라의 역사에서 고찰해 보면 겨우 비열홀 곧 안변까지에만 미쳤으니, 이 비를 통해서 보지 않았다면 어떻게 신라의 경계가 멀리 황초령까지 미쳤던 것을 다시 알았겠는가. 금석이 역사책보다 더 나음이 이와 같으니, 옛 사람들이 금석을 보배로 여기고 중시한 까닭이 어찌 하나의 오래된 물건이라는 것에만 그칠 뿐이겠는가.

라 하여 주의(注意)한 바 있었지만, 사승(史乘)이 매우 드문 삼국기(三國期)에서의 삼국의 관계, 신라 상대(上代)의 사실 등 여러 가지로 역사적 중요성을 가졌다. 즉 신라 상고(上古)의 사실(史實)·관직(官職)·지명·인명 및 그에 부대(副帶)한 이두(吏讀)의 표현법 등이 그것이다.

나이토 고난(內藤湖南)의 「신라 진흥왕 순경비고(新羅眞興王巡境碑考)」〔『예문(藝文)』제2년 제4호〕, 이마니시 류(今西龍)의 「신라 진흥왕 순수관경비고(新羅眞興王巡狩管境碑考)」〔『신라사연구(新羅史硏究)』〕, 이케우치 히로시(池內宏)의 「진흥왕의 무자순경비와 신라의 동북경(眞興王の戊子巡境碑と新羅の東北境)」〔1929년 8월 『고적조사보고(古蹟調査報告)』제6책〕, 최남선(崔南善)의 「신라 진흥왕의 재래삼비와 신출현의 마운령비(新羅眞興王の在來三碑と新出現の磨雲嶺碑)」〔『청구학총(靑丘學叢)』1-2, 1921〕 등을 참고하기 바란다.

〔고려조에 들어와서는 윤관(尹瓘)의 공험진비(公嶮鎭碑)가 있었으나 없어진 듯하다. 『동국여지승람(東國輿地勝覽)』 '회령고적(會寧古跡)'조에, "先春嶺在豆滿江北七百里尹瓘拓地至此城公嶮鎭遂立碑於嶺上刻曰高麗之境碑之四面有書皆爲胡人剝去 선춘령 두만강 북쪽 칠백 리에 있다. 윤관이 토지를 확장하여 여기까지 와서 공험진에 성을 쌓고 드디어 비석을 영(嶺) 위에 세우고, '고려의 국경'이라고 새겼다. 비석의 사면에 글씨가 있었는데 오랑캐들이 모두 지워 버렸다"라 있다.〕

14. 조상기류(造像記類)

조상기(造像記)라 함은 불상(佛像) 조성의 연유(緣由)를 기각(記刻)한 것이니, 경주 무장사(鍪藏寺) 아미타여래조상사적비(阿彌陀如來造像事蹟碑)와 같이 따로이 수비(樹碑)하는 것을 말하지 않고, 불상의 배광(背光)이나 대좌(臺座)에나 또는 불체(佛體)에 기입하는 것을 본색(本色)으로 한다. 이 역시 문사(文辭)와 자체(字體)에 각 시대적 특색이 있고, 사궐(史闕)의 보충이 되는 것이라든지 이두(吏讀)의 연구자료 및 유상(遺像) 그 자체의 역사적 의의 등 여러 가지 방면에서 주목할 가치를 갖고 있는 것이다.

① 황해도 곡산군(谷山郡) 출토 '歲在辛卯(세재신묘)'명(銘) 삼존불상
  고구려대 추정. 경성 이토 마키오(伊藤槇雄) 소장.

② 충남 부여 부소산성(扶蘇山城) 출토 '鄭智遠(정지원)'명 삼존불상
  백제대 추정. 부여진열관(扶餘陳列館).

③ 전(傳) 충주 발견 '建興五年(건흥오년)'명 삼존불상광(三尊佛像光)
  백제대 추정. 경성 총독부박물관.

④ 전(傳) 대구 발견 '甲申年(갑신년)'명 불상
  고신라대(古新羅代) 추정. 경성 총독부박물관.

⑤ 경주 감산사(甘山寺) 미륵보살조상기(彌勒菩薩造像記)
  성덕왕(聖德王) 18년. 경성 총독부박물관.

⑥ 경주 감산사 아미타여래조상기(阿彌陀如來造像記)
성덕왕 19년. 경성 총독부박물관.

⑦ 창녕읍내(昌寧邑內) 석불조상기(石佛造像記)
헌덕왕(憲德王) 2년. 경남 창녕군 읍내 교동(校洞).

⑧ 장흥 보림사(寶林寺) 비로사나불조상기(毘盧舍那佛造像記)
헌안왕(憲安王) 2년. 지금 이 절에 있다.

⑨ 철원(鐵原) 도피안사(到彼岸寺) 비로사나불상기
경문왕(景文王) 5년. 지금 이 절에 있다.

附

大覺國師碑에 關하여

浮屠類

대각국사비(大覺國師碑)에 관하여

*이 글은 저자가 개성부립박물관장으로 재직하던 때, 박물관에 대각국사비의 비표(碑表)와 비음(碑陰)의 탁본을 전시하면서 작성한 설명문으로 추정된다. 원문은 '오관산(伍冠山) 대화엄영통사(大華嚴靈通寺) 증시대각국사비(贈諡大覺國師碑)'라는 제하(題下)에 일어(日語)로 정서(正書)되어 있는데, 저자의 금석학 연구의 단편이므로 이곳에 부(附)로 소개한다. — 편집자

대각국사(大覺國師), 휘(諱)는 후(煦), 자(字)는 의천(義天). 고려 제십일대 왕인 문종(文宗)의 제사자(第四子)이다. 문종 9년 을미〔乙未, 서기 1055년, 송(宋) 인종(仁宗) 지화(至和) 2년〕 9월 28일 궁중에서 태어나 문종 19년 경덕국사(景德國師) 난원(爛圓)에게 나아가 낙발출가(落髮出家)하고, 불일사〔佛日寺, 장단(長湍)〕 계단(戒壇)에서 구족계(具足戒)를 받았다.

성품이 영오초매(穎悟超邁)하고 박람강기(博覽强記), 오교(五教)에 박통(博通)하여 노사숙덕(老師宿德)이라도 스스로 미치지 못하였다. 당시 사람들은, 법문(法門)의 종장(宗匠)이라 말했다. 문종 23년 법호(法號)를 광지문종홍진록세(廣智聞宗弘眞祿世)라 내려 받고 승통(僧統)의 직(職)을 받았다. 평소 진수정원법사(晉水淨源法師)의 혜행(彗行)을 경앙(景仰)하고, 선종(宣宗) 2년 4월 경오(庚午) 야음(夜陰)을 타서 본국을 탈출하여 송(宋)의 판교진(板橋鎭)에 도착하니, 송나라 철종(哲宗)이 맞이하여 경사(京師)의 계성사(啓聖寺)에 머물게 하고 수공전(垂拱殿)에 소견(召見)하고 객례(客禮)로 대접하였다.

얼마 안 있어 항주(杭州) 화엄(華嚴)의 좌주(座主) 정원(淨源) 혜인(彗因)에

117

게 나아가 화엄 원초(源鈔)의 소의(所疑)를 자결(咨決)하고 돌아오는 길에 자변대사(慈辯大師)를 만나 천태일종(天台一宗)의 경론(經論)을 강문(講問)하고 수로(手爐)와 여의(如意)를 부법(付法)·신인(信印)으로써 받았다. 의천(義天)이 입송구법(入宋求法)하자 편참역문(遍叅歷問)에 더할 나위 없는 대우를 받은바, 고승(高僧) 오십여 인 모두 법요(法要)를 자문(咨問)하고 천태(天台)·현수(賢首)·남산(南山)·자은(慈恩)·조계(曹溪)·서천(西天)·범학(梵學)을 일시에 전료(傳了)하고, 구해 온 경서(經書)는 대부분이 본국에서 아직 유행하지 않은 것이어서, 선종 3년(1086) 6월 본국으로 돌아와 즉시 왕칙(王勅)으로 홍왕사(興王寺)에 머물면서 의천이 상주하여 홍왕사에 교장도감(敎藏都監)을 두고 경서를 요(遼)·송(宋)·일본(日本)에서 사들이고 일찍이 남유(南遊)하여 찾아 모은 것을 합쳐 사천칠백사십여 권을 교류간행(校謬刊行)하니, 소위 의천속수장경(義天續修藏經)이라고 불교계에 이름을 남겼다.

선종 11년(1094) 갑술(甲戌), 왕명을 받아 홍원사(洪圓寺) 주지, 그 뒤 물러나 해인사(海印寺)에 거주하였다. 숙종 2년(1097) 인예태후(仁睿太后)의 원찰(願刹)인 국청사(國淸寺)가 이루어지자 주지를 겸보(兼補)하고 처음으로 천태교(天台敎)를 강(講)하여 해동(海東)의 천태중흥(天台中興)의 교조가 되었다. 숙종 6년 가을 8월 총지사(摠持寺)에서 병이 나고, 10월 3일 국사(國師)로 책봉되고 5일 우협(右脇)하여 입적하였다. 향년 사십칠 세, 승랍(僧臘) 삼십육 년, 왕이 군신(群臣)과 더불어 소복(素服)을 입고 조회(朝會) 거두기를 사흘 동안 하였으며, 대각(大覺)이라 시호하고 오관산(五冠山) 영통사(靈通寺)에서 다비(茶毗)하였다.

고제(高弟)의 한 사람으로 승(僧) 혜소(惠素)가 있어 스승 몰후(歿後) 후행록(後行錄) 열 권을 찬(撰)하였다. 문하평장사판상서예부사수국사(門下平章事判尙書禮部事修國史) 김부식(金富軾)이 이것을 궐취(撅取)하여 비명병서

(碑銘竝序)를 찬하고 상서공부시랑(尙書工部侍郞) 오언후(吳彦侯)가 이것을 썼다. 즉 고려 인종(仁宗) 3년〔서기 1125년, 송(宋) 선화(宣和) 7년〕에 이루어졌다.

비음(碑陰)은 대각국사 묘실(墓室) 및 비명안립사적기(碑銘安立事跡記)〔외곽(外廓)〕, 그리고 대각국사 문도(門徒)·직명(職名)·개좌(開座)·비음(碑陰)〔내곽(內廓)〕의 두 부를 만들었다. 내곽은 혜소가 썼고〔筆〕, 테두리 그림〔緣畵〕은 화사(畵師) 박관(朴瓘)이 그리고, 석장(石匠)은 교위(校尉) 임긍(林亘), 각자(刻字)는 수 몇의 사람에 의해 행하여졌다.

부도류(浮屠類)

*이 글은 저자가 우리나라 부도류에 관한 논문을 구상하고
그 첫 단계에서 부도의 종류별 검토를 시도한 것으로 추정되는 미발표 원고로,
한국탑파(韓國塔婆) 연구성과의 연장선상에서 다뤄져야 하나,
뒤늦게 발견되었기에 이곳에 덧붙여 소개한다. —편집자

1. 층탑류(層塔類)

· 보령 성주사지(聖住寺址) 대낭혜백월보광탑(大朗慧白月葆光塔) 삼층. 890년.

· 개성 영통사지(靈通寺址) 대각국사탑(大覺國師塔) 삼층. 1125년.

· 여주 신륵사(神勒寺) 나옹탑(懶翁塔) 삼층. 1388년.

· 원주 폐전령사(廢傳令寺) 보제존자사리탑(普濟尊者舍利塔) 삼층. 1388년.

*변형(變形): 기단(基壇) 다각원형(多角圓形)의 것—석굴암(石窟庵) 부도(浮屠),

　　　　　구례 화엄사(華嚴寺) 사자단탑(獅子壇塔)

　　　　단층방형(單層方形)의 것—경주, 화장사(華藏寺)

2. 팔각원당탑신류(八角圓堂塔身類)

(A) 기단간석팔각형류(基壇竿石八角形類)

· 원주 폐흥법사(廢興法寺) 염거화상탑(廉居和尚塔) 844년.

· 화순 쌍봉사지(雙峰寺址) 철감선사징소지탑(澈鑑禪師澄昭之塔) 868년.

· 문경 봉암산(鳳岩山) 지증대사적조지탑(智證大師寂照之塔) 924년.

· 공주 계룡산(鷄龍山) 갑사일명탑(甲寺逸名塔)

· 구례 연곡사(鷰谷寺) 현각선사탑(玄覺禪師塔)(?) 979년.

(B) 기단간석고복형(基壇竿石鼓腹型)

· 창원 폐봉림사(廢鳳林寺) 진경대사보월능공탑(眞鏡大師寶月凌空塔) 924년.

· 원주 폐흥법사(廢興法寺) 진공대사탑(眞空大師塔) 940년.

· 여주 폐고달원(廢高達院) 원감대사탑(圓鑑大師塔) 869년.

＊특수 예 : 불국사(佛國寺) 부도(浮屠)

(C) 기단하복(基壇下伏)만 방형(方形)인 것

· 여주 폐고달원(廢高達院) 원종대사혜진탑(元宗大師彗眞塔) 975년.

· 전운(傳云) 원주 폐거돈사(廢居頓寺) 일명부도(逸名浮屠)〔대구 오쿠라
(小倉)〕

(D) 탑신(塔身)은 팔각형, 기단(基壇)은 방형인 것

· 양양 강현면 둔전리사지(屯田里寺址) 일명부도(逸名浮屠)

(E) 원형기단(圓形基壇)인 것

· 순천 송광사(松廣寺) 부휴대사탑(浮休大師塔)(조선조) 1615년.

3. 원구탑신류(圓球塔身類)

(A) 원구탑신(圓球塔身)으로 기단(基壇)은 팔각형인 것

· 충주 폐정토사(廢淨土寺) 홍법국사실상탑(弘法國師實相塔) 1017년.

(B) 변형

    (a) 원구탑신(圓球塔身)이 고복형(鼓腹形)으로 된 것

       · 불국사(佛國寺) 사리탑(舍利塔)

    (b) 원형탑신(圓形塔身)을 다각구형(多角球形)으로 한 것

       · 순천 송광사(松廣寺) 보조국사감로탑(普照國師甘露塔) 원형(原形) 1210년. / 조선시대 개수(改修) 1678년.

    (c) 고복형탑신(鼓腹形塔身)을 다각원형(多角圓形)으로 한 것

       · 해주 신광사(神光寺) 일명부도(逸名浮屠) 원(元) 순제(順帝) 지정년(至正年) 신사(辛巳) 창사운(創寺云)

4. 스투파형의 것

(A) 포탄형(砲彈形)의 것

    · 김제 금산사(金山寺) 송대부도(松臺浮屠)

(B) 석옹형(石瓮形)의 것

    · 여주 신륵사(神勒寺) 보제존자탑(普濟尊者塔) 1379년.

(C) 석종형(石鐘形)의 것

    · 구례 화엄사(華嚴寺) 벽암대사탑(碧岩大師塔) 1663년.

(D) 이 탑신(塔身)을 탑신으로 삼고 기단(基壇)의 변화를 보인 것

    · 불국사(佛國寺) 부도(浮屠)

    · 고양 폐태고사(廢太古寺) 원증국사탑(圓證國師塔) 1385년.

(E) 스투파형

· 개성 화장사(華藏寺) 지공정혜영조지탑(指空定慧靈照之塔) 1370년경.

(F) 라마탑식(喇嘛塔式) 스투파

· 회양 폐금강암지(廢金剛菴址) 부도 1405년.

5. 특수형(特殊形)

(A) 구례 화엄사(華嚴寺) 사자단탑(獅子壇塔) 도선(道詵) 898년.

(B) 석굴암(石窟庵) 부도

(C) 불국사(佛國寺) 부도

(D) 순천 선암사(仙岩寺) 보병형부도(寶瓶形浮屠)

(E) 원주 폐법천사(廢法泉寺) 지광국사현묘탑(智光國師玄妙塔) 1084년.

(F) 경주, 장단 화장사(華藏寺) 방형단층탑(方形單層塔)

주(註)

* 원주(原註)는 1), 2), 3)으로, 편자주(編者註)는 1, 2, 3으로 구분했다.

원주(原註)

1) 이 책은 1932년 경성대학(京城大學)에서 영인출판(影印出版)하였다.

2) 지금 규장각 도서관에 있다.

3) 지금 규장각 도서관에 있다.

4) 이 『해동금석원(海東金石苑)』에 대하여 전후 복잡한 사정이 있으나, 이곳에 서술하지 않는다.

5) 1919년 조선총독부(朝鮮總督府) 발행.

6) 반량전은, 한 문제(文帝) 5년에도 사수전(四銖錢)을 반량이라 하다가, 건원(建元) 원년에 삼수전(三銖錢)으로 고쳤다가, 건원 5년에 다시 반량전을 쓰다가, 원수(元狩) 5년에 다시 반량전을 없애고 오수전(五銖錢)을 썼다.

7) 이상 『청구학총(靑丘學叢)』 제14호(1923), 가쓰라기 스에지(葛城末治)의 「조선금석학개론(朝鮮金石學槪論)」에서.

8) 이것은 『1927년도 고적조사보고(古蹟調査報告)』 제1책 '계룡산록도요지(鷄龍山麓陶窯址) 조사보고서'를 참조하기 바란다.

9) 박고도(博古圖), 서청고감(西淸古鑑) 기타 잡다한 금석도보(金石圖譜) 중에도 경감(鏡鑑)에 대한 연구가 있으나, 모두 곧 전부를 사용할 만한 것이 아님을 주의할 필요가 있다.

10) 『서도전집(書道全集)』 제1권, 나카무라(中村丙午郎)의 글 참조.

11) 조선 비(碑)의 형식 변천에 관하여는 필자의 미술사(美術史)를 참조하기 바란다.

12) 『동아경제연구(東亞經濟研究)』 제15권 제3·4호, 이나바 이와키치(稻葉岩吉)의 논문 참조.

편자주(編者註)

1. 중국 북송(北宋) 때의 유학자 유창(劉敞)으로, '원보'는 그의 자(字)이다.
2. 중국 송나라 때 복주(福州) 사람으로, 상선을 타고 들어와 귀화했다. 본명은 호종단 (胡宗旦)인데, 조선 태조 이성계의 이름인 '단(旦)'을 피해 뜻이 같은 '조(朝)'로 바꾸 어 썼다.
3. 민족문화추진회 역,「동유기(東遊記)」『동문선』, 민족문화추진회, 1968.
4. 저자는 훗날 보완할 계획으로 자세한 내용은 미처 서술하지 못하고 다음 내용으로 넘어간 듯하다.
5. 헝가리 태생의 영국 고고학자이자 탐험가. 중앙아시아를 탐험하여 중국 천불동(千 佛洞)을 발견했고, 고대 동서문화 교류와 교통로 구명에 공헌했다.
6. 이 부분의 친필 원고 상단에는 발굴된 파편의 명칭으로 쓴 듯한 "公州 '大通寺' '西 穴寺'"라는 기록이 있다.
7. 이 부분의 친필 원고 상단에는 "'寒川' '公州 發見' '百濟 博文'"의 기록이 있다.
8. 쇼와 시기에 간행된『고적조사보고』를 모두 검토했으나 이 내용은 실려 있지 않다. 다만 이와 관련된 내용이 고이즈미 아키오(小泉顯夫)의「경주 서봉총의 발굴(慶州 瑞鳳塚の發掘)」〔『사학잡지(史學雜誌)』38권 1호, 1927〕이라는 글에 소개되어 있다.
9. 저자는 훗날 보완할 계획으로 자세한 내용은 미처 서술하지 못하고 다음 내용으로 넘어간 듯하다.
10. 저자는 훗날 보완할 계획으로 자세한 내용은 미처 서술하지 못하고 다음 내용으로 넘어간 듯하다.
11. 저자는 훗날 보완할 계획으로 자세한 내용은 미처 서술하지 못하고 다음 내용으로 넘어간 듯하다.
12. 이는 합천 홍류동(紅流洞) 식각의 내용이다.
13. 민족문화추진회 역,「맹자(孟子)」『사변록』, 민족문화추진회, 1968.

어휘풀이

ㄱ

거섭(居攝) 중국 한(漢)의 연호. 서기 6–8년에 걸쳐 사용됨.

건원(建元) 중국 한(漢)의 연호. 서기전 140–134년에 걸쳐 사용됨. 단순히 '연호를 정하는 일'의 뜻도 있음.

겸보(兼補) 본디의 직책 이외에 다른 직책을 겸하여 맡김.

경사(京師) 서울. 한 나라의 중앙 정부가 있는 곳.

경앙(景仰) 덕망이나 인품을 사모하여 우러러봄.

고례(古隸) 중국 전국시대(戰國時代)부터 진(秦)나라에 걸쳐, 그때까지의 공식 서체였던 전서(篆書)의 자획(字畫)을 간략화하여 일상적으로 쓰기에 편리한 서체로 만든 예서(隸書)의 한 종류. 전서에서 예서로 옮겨 가는 시기의, 소박한 모양을 지닌 서체임.

고제(高弟) 학식과 품행이 뛰어난 제자.

공경(公卿) 영의정·좌의정·우의정의 삼공(三公)과 여러 대신들을 아울러 이르는 총칭.

공미(功美) 공로와 미덕.

관문(款文) 금석류에 음각으로 새긴 문자.

광무(廣袤) 광(廣)은 동서 방향의 길이, 무(袤)는 남북 방향의 길이를 뜻하는 말로, 합하여 넓이를 이름. 여기서는 범위가 넓음을 의미함.

교류간행(校謬刊行) 잘못된 곳을 바로잡아 서적을 펴냄.

구족계(具足戒) 불교에서 비구와 비구니가 지켜야 할 계율.

권여(權輿) 저울대와 수레 바탕이라는 뜻으로, 저울을 만들 때는 저울대부터 만들고 수레를 만들 때는 수레 바탕부터 만든다는 데서 유래하여 '사물의 시초'를 이름.

궐락(闕落) 빠지거나 누락된 부분.

궐취(撅取) 주요 부분을 뽑아서 취함.

귀뉴옥제방인(龜鈕玉製方印) 거북 모양의 꼭지가 달린 옥으로 만든 사각형 인(印).

규수(圭首) 비의 윗부분을 각지게 만든 것, 혹은 그런 비.

극독(極篤) 매우 인정있고 성실함.

금인귀뉴(金印龜鈕) 거북 모양의 꼭지가 달린 금인(金印).

금인낙뉴(金印駱鈕) 낙타 모양의 꼭지가 달린 금인(金印).

기실비(紀實碑) 역사적인 사실이나 유래에 대해 적어 놓은 비석.

기필(期畢) 모두 이루어 냄.

ㄴ

낙발출가(落髮出家) 머리를 깎고 집을 떠나 수도자가 됨.

남산(南山) 남산종(南山宗)을 가리킴. 중국 당나라의 도선율사(道宣律師)가 창시한 종파.
　우리나라에는 신라 선덕여왕(善德女王) 때 자장율사(慈藏律師)가 개종(開宗)하였음.

남유(南遊) 남쪽 지방을 여행함.

노사숙덕(老師宿德) 나이 많은 승려와 학덕이 높은 노인.

ㄷ

답절(踏切) 건널목.

대범(大凡) 무릇. 대체로 보건대.

대전(大篆) 중국 고대 서체의 하나. 넓게는 진시황 때 만들어진 소전(小篆) 이전의 문자와
　서체인 갑골문(甲骨文)·종정문(鐘鼎文)·주문(籀文)·육국문자(六國文字) 등이 모두 이에
　속하며, 좁게는 주문을 의미함.

도철(饕餮) 탐욕이 많은 상상 속의 흉악한 짐승.

동인비뉴(銅印鼻鈕) 코 모양의 손잡이가 달린 동인(銅印).

ㅂ

박람강기(博覽强記) 여러 가지의 책을 널리 많이 읽고 기억을 잘함.

번사(翻沙) 모래로 주형을 만들고 용해된 금속(쇳물)을 흘려 넣어 그릇을 만드는 방법.

범학(梵學) 불학(佛學). 불교에 관한 학문.

법요(法要) 부처의 가르침 가운데 요긴하고 주요한 점.

보궐(補闕) 빠진 부분을 채우고 결점을 고쳐서 보충함.

복사(卜辭) 중국 최초의 문자 기록으로, 갑골문(甲骨文)·계문(契文)·귀갑문자(龜甲文字)·
　은허문자(殷墟文字)·은허복사(殷墟卜辭)라고도 불림.

부법(付法) 불법을 전수함.

분음정(汾陰鼎) 중국 한(漢) 무제(武帝) 때 분음에서 출토된 보정(寶鼎).

비두비주(非蝌非籀) (글씨체가) 과두문자(蝌蚪文字)도 아니고 대전체(大篆體)도 아님. 과
　두문자는 중국 황제(黃帝) 때 창힐(蒼頡)이 지었다는 고대문자로, 올챙이처럼 획머리는
　굵고 끝이 가는 모양임.

비음(碑陰) 비석의 뒷면에 새기는 글. 대개 비를 세우게 된 내력과 비 건립에 참여한 사람의
　명단을 적음.

비재(菲才) 변변치 못한 재능이라는 뜻으로, 자기 재능을 겸손하게 이르는 말.

ㅅ

사궐(史闕) 역사적 사실 또는 사료가 빠지거나 누락됨.

사도(斯道) 이 방면.

사륙변려체(四六駢儷體) 중국 육조(六朝)와 당(唐)나라 때 성행한 한문 문체로, 문장이 넉 자
    와 여섯 자를 기본으로 한 대구(對句)로 이루어져 수사적(修辭的)으로 아름다운 느낌을 줌.

산일(散逸) 흩어져 일부가 빠지거나 없어짐.

상고삼대(上古三代) 고대 중국의 세 왕조 하(夏)·은(殷)·주(周) 시대.

서천(西天) 서천서역국(西天西域國). 인도(印度)의 옛 이름.

석고문(石鼓文) 중국 당나라 때 산시성(陝西省)에서 발견된 현존하는 가장 오래된 석각문
    (石刻文)으로, 글자를 새긴 돌의 모양이 큰북과 비슷하여 석고(石鼓)라 함.

선진(先秦) 중국의 진(秦)나라 이전 시대. 즉 춘추전국시대를 가리킴.

소견(召見) 윗사람이 아랫사람을 불러서 만나 봄.

소융(消融) 녹여 없애 버림.

소의(所疑) 의문나는 바.

소전(小篆) 전서(篆書)의 하나로 대전(大篆)과 대칭하는 서체. 중국 진(秦)의 시황제가 재상
    이사(李斯)에게 명하여 대전을 간략하게 만든 서체로, 이로써 당시에 쓰이던 각종 자체
    (字體)가 정리·통일됨.

소지(素地) 본래의 바탕. 여기서는 그릇을 제작하기 위한 점력(粘力)이 있는 흙을 가리킴.
    일본인들이 백토(白土)를 지칭하는 말로 많이 쓰며, 요즘은 점토(粘土)나 태토(胎土)라는
    말을 주로 씀.

소호(所好) 좋아하는 바.

송성(頌聲) 공적(功績)이나 인덕(人德)을 기리어 찬양하는 소리.

수로(手爐) 손을 쬐게 만든 조그마한 화로.

술사(述辭) 일부 언어의 합성 서술어에서 조동사를 제외한 기본 부분.

승랍(僧臘) 승려가 된 햇수.

신인(信印) 거짓 없이 진실하다는 것을 나타내는 표적.

신재(信材) '신(信)'의 재료. '신'이란 재수 좋은 도장을 만들기 위해 이름자 뒤에 새기는 글
    자 중 하나로, 여기에서는 도장을 일컬음.

쌍구(雙鉤) 글씨를 베낄 때 가는 선으로 글자의 윤곽을 그려내는 법. 혹은, 글씨를 새길 때
    글자의 윤곽을 따라 가늘게 줄을 그어 표시하는 법.

쌍리(雙螭) 상상의 동물인 교룡(蛟龍) 두 마리.

ㅇ

야음(夜陰) 밤의 어두운 때.

여의(如意) 법회나 설법 때 법사가 손에 드는 물건.

연주인(連珠印) 구슬을 연이어 놓은 듯한 인장.

영오초매(穎悟超邁) 영리하고 슬기로움이 보통보다 훨씬 뛰어남.

오교(五敎) 불교 화엄종(華嚴宗)에서 불교의 가르침을 나눈 다섯 가지. 즉 소승교(小乘敎)·대승시교(大乘始敎)·대승종교(大乘終敎)·돈교(頓敎)·원교(圓敎)를 말함.

울연(蔚然) 크게 성함.

원수(圓首) 비의 윗부분을 둥그스름하게 만든 것, 혹은 그런 비.

원초(源鈔) 근본이 되는 불법(佛法).

유출유정(愈出愈精) 점점 더 뛰어나고 자세해짐.

은인귀뉴(銀印龜鈕) 거북 모양의 꼭지가 달린 은인(銀印).

의천입송구법(義天入宋求法) 대각국사(大覺國師) 의천이 송나라에 들어가 불법(佛法)을 구함.

이기(彝器) 나라의 의식(儀式)에 쓰이는 제구(祭具).

이기(利器) 날카로운 병기.

인부랑(印符郎) 고려 때 인부(印符)를 담당하였던 관원. 의종대에 있었던 부보랑(符寶郎)을 1298년(충렬왕 24)에 법제화하여 두 명을 두고 직품도 종육품으로 하였으나 곧 혁파됨.

일명연호(逸名年號) 명칭을 알 수 없는 연호.

ㅈ

자결(咨決) 자문하여 결정함.

자량(自量) 스스로 헤아림.

자문(咨問) 자문(諮問). 그 방면의 전문가나 전문 기구에 의견을 물음.

자은(慈恩) 자은종(慈恩宗), 즉 법상종(法相宗)을 가리킴. 유식론(唯識論)을 근거로 하여 세워진 종파로, 우리나라에서는 신라 경덕왕 때 진표(眞表)가 개창하였음.

장작대장(將作大匠) 고대 중국에서 공병대장과 같은 직책.

적재(謫在) '귀양살이 와 있다'는 뜻으로, 전하여 귀양살이 와 있듯이 지방에 머물러 있음을 이름.

전각(鐫刻) 새김.

전료(傳了) 전하는 것을 모두 끝냄.

전범(錢范) 화폐를 주조하는 틀.

전위(專爲) 오직 한 가지 일만을 함.

절절첩부(切藏貼付) 자르고 나누어 발라서 붙임.

제액(題額) 비신(碑身)의 상단부나 이수(螭首)에 비의 명칭을 새긴 부분.

조계(曹溪) 조계종(曹溪宗)을 가리킴. 우리나라 선종(禪宗)을 통틀어 이르는 말로, 고려시대에 보조국사(普照國師)가 세운 후 한국 불교의 최대 총본산으로 발전하였음.

조사(措辭) 시나 산문에서 문자를 다루어 쓰는 방법.

조책서소(詔策書疏) 왕이 신하에게 내리는 조칙과 왕에게 올리는 상소문 따위의 모든 글.

족생(簇生) 모여서 생겨남.

좌주(座主) 선원의 강당에서 경론을 강의하는 승려.

주문(籀文) 중국 주(周)나라 선왕(宣王) 때 태사(太史) 주(籀)가 갑골(甲骨)·금석문(金石文) 등 고체(古體)를 정비하고 필획(筆畵)을 늘려 만든 서체. 그가 저술한『사주편(史籀篇)』에 기재되었음.

주육(朱肉) 인주.

죽백(竹帛) 서적, 특히 역사를 기록한 책을 이르는 말로, 종이가 발명되기 전에 대쪽이나 헝겊에 글을 써서 기록한 데서 유래함.

준봉(遵奉) 전례나 명령을 좇아서 받듦.

질(秩) 관직·녹봉 등의 등급.

ㅊ

천(穿) 비신(碑身)에 뚫은 구멍.

천태(天台) 천태종(天台宗)을 가리킴.『법화경(法華經)』과 용수보살(龍樹菩薩)의 중론(中論)을 근본 교의(敎義)로 하고 선정(禪定)과 지혜의 조화를 종지(宗旨)로 하는 대승불교(大乘佛敎)의 한 파. 우리나라에서는 고려 숙종(肅宗) 2년(1097)에 대각국사(大覺國師)가 국청사(國淸寺)에서 처음으로 천태교를 개강함으로써 성립되었음.

천화(遷化) 이 세상의 교화를 마치고 다른 세상의 교화로 옮긴다는 뜻으로, 고승의 죽음을 이르는 말.

ㅌ

탁묵(拓墨) 금석(金石)에 종이를 대고 먹을 묻혀 박아내는 것.

ㅍ

팔분(八分) 한자(漢字)의 열 가지 글씨체 중 하나로, 예서(隷書)의 장식적인 효과를 낸 글씨체.

편방(偏旁) 한자의 왼쪽과 오른쪽을 통틀어 이르는 말.

편참역문(遍參歷問) 두루 참여하고 여러 곳을 차례로 방문함.

ㅎ

한경(漢京) 한양(漢陽). 고려(高麗) 때 중경(中京, 개성), 동경(東京, 경주), 서경(西京, 평양)과 함께 사경(四京)이라 불렸던 남경(南京, 漢陽)의 다른 이름.

현수(賢首) 비구(比丘), 즉 출가하여 구족계를 받은 남자 승려를 높여 이르는 말.

혜행(慧行) 슬기롭고 깨끗한 수행.

후곤(後昆) 후손.

훈(暈) 그림이나 글씨의 획에서 번지는 먹이나 물감의 흔적.

도판목록

*이 책에 실린 도판의 출처를 밝힌 것으로,
고유섭 소장 사진의 경우 사진 뒷면에 기록되어 있던
연도·재료·소재지·소장처 등의 세부사항까지 옮겨 적었다.

1. 고려시대의 동제인함(銅製印函)과 동인(銅印). 충남 공주 신원사(神願寺). 『조선고적도보』제9권, 조선총독부, 1929.

2. 고려시대의 여러 가지 동인. 충남 공주 신원사. 『조선고적도보』제9권, 조선총독부, 1929.

3. 고려시대의 옥제육지(玉製肉池)와 옥인(玉印), 그리고 여러 가지 용어뉴동인(龍魚鈕銅印). 『조선고적도보』제9권, 조선총독부, 1929.

4. 고려시대의 여러 가지 청자도인(靑瓷陶印). 『조선고적도보』제9권, 조선총독부, 1929.

5. 낙랑군(樂浪郡) 시대의 여러 가지 봉니. 평남 대동 낙랑군 유적지 발견. 『박물관진열품도감』제8집, 조선총독부박물관, 1936.

6. 낙랑군 시대의 '大晉元康'명(銘) 수막새. 평남 대동 낙랑군 유적지 발견. 유금와당박물관 제공.

7. 통일신라시대 '四天王寺址'명 와(瓦). 경북 경주 사천왕사지 발견. 『조선고적도보』제5권, 조선총독부, 1917.

8. 고려시대 '月盖王吉'명 와. 경기 개성 만월대(滿月臺) 출토. 『조선고적도보』제6권, 조선총독부, 1918.

9. 고려시대 범자문(梵字文) 수막새. 평남 강동군 인홍리 출토. 유금와당박물관 제공.

10. 낙랑군 시대의 '願太王陵 安如山固如岳'명 전(塼). 중국 성경성(盛京省) 태왕릉(太王陵) 출토. 『조선고적도보』제1권, 조선총독부, 1915.

11. 낙랑군 시대의 '千秋萬歲永固'명 전. 중국 성경성 천추총(千秋塚) 출토. 『조선고적도보』제1권, 조선총독부, 1915.

12. 전국시대 명도전(明刀錢). 평북 위원 출토. 『박물관진열품도감』제4집, 조선총독부박물관.

13. 낙랑군 시대의 점제평산사각석(秥蟬平山祠刻石). 평남 용강. 『조선고적도보』제1권, 조선총독부, 1915.

14. 낙랑군 시대의 관구검기공비(毌丘儉紀功碑) 단편(斷片) 탁본. 『조선고적도보』제1권,

조선총독부, 1915.

15. 남해서불제석(南海徐市題石) 탁본.『조선금석총람』, 조선총독부, 1919.

16. 여진자각(女眞字刻). 함남 북청.『조선금석총람』, 조선총독부, 1919.

17. 통도사(通度寺) 국장생표석(國長生標石). 경남 양산. 고유섭 소장 사진.〔화강석(花崗石). 고(高) 5척 5촌, 폭 2척. 고려 선종(宣宗) 2년 을축(乙丑). 서기 1085년. 태안(太安) 원년. 보물 110호. 경남 양산군(梁山郡) 하북면(下北面) 백록리(白鹿里) 직목정(直木亭).〕

18. 부여 석조각문(石槽刻文) 탁본.『조선고적도보』제4권, 조선총독부, 1916.

19. 화엄경(華嚴經) 석각 단편. 전남 구례 화엄사. 통일신라시대.『조선고적도보』제4권, 조선총독부, 1916.

20-21. 사자빈신사(獅子頻迅寺) 및 석탑기(石塔記) 세부. 충북 제천. 고려시대.『조선고적도보』제6권, 조선총독부, 1918.

22-23. 흥법사(興法寺) 염거화상탑(廉居和尙塔)과 탑지(塔誌) 세부. 강원 원주. 통일신라시대.『조선고적도보』제4권, 조선총독부, 1916.

24. 정도사(淨兜寺) 오층석탑(五層石塔) 조성형지기(造成形止記). 경북 칠곡. 고려시대.『조선고적도보』제6권, 조선총독부, 1918.

25. 고선사(高仙寺) 서당화상비(誓幢和尙碑) 단편 탁본.『한국금석유문』, 일지사, 1976.

26-27. 쌍계사(雙磎寺) 진감선사대공탑비(眞鑑禪師大空塔碑)와 비문 세부. 경남 하동. 통일신라시대.『조선고적도보』제4권, 조선총독부, 1916.

28. 흥법사 진공대사탑비(眞空大師塔碑) 탁본. 고려시대.『조선고적도보』제6권, 조선총독부, 1918.

29-30. 정토사(淨土寺) 법경대사자등탑비(法鏡大師慈燈塔碑)와 탁본 세부. 충북 충주. 고려시대.『조선고적도보』제6권, 조선총독부, 1918.

31-32. 거돈사(居頓寺) 원공국사승묘탑비(圓空國師勝妙塔碑)와 비문 세부. 강원 원주. 고려시대.『조선고적도보』제6권, 조선총독부, 1918.

33-34. 법천사(法泉寺) 지광국사현묘탑비(智光國師玄妙塔碑)와 비문 세부. 강원 원주. 고려시대.『조선고적도보』제6권, 조선총독부, 1918.

35. 법주사(法住寺) 자정국존보명탑비(慈淨國尊普明塔碑). 충북 보은. 고려시대.『조선고적도보』제6권, 조선총독부, 1918.

36. 태고사(太古寺) 원증국사탑비(圓證國師塔碑) 부분. 경기 고양. 고려시대.『조선고적도보』제6권, 조선총독부, 1918.

37. 사천왕사비(四天王寺碑) 단편. 통일신라시대.『조선고적도보』제4권, 조선총독부, 1916.

38. 현화사비(玄化寺碑). 경기 개풍. 고유섭 소장 사진.〔현종서류(顯宗書類), 주저(周佇) 문(文), 채충순(蔡忠順) 서(書), 음(陰) 채충순(蔡忠順) 문급서(文及書). 경기 개풍군(開豐

郡) 영남면(嶺南面) 현화리(玄化里). 영취산대자은현화사비(靈鷲山大慈恩玄化寺碑). 보물 155호. 귀부(龜趺)는 화강석(花崗石). 비신(碑身) 및 반수(蟠首)는 슬레이트(slate). 비신(碑身) 7척 85, 폭(幅) 4척 3. 천희(天禧) 5년 신유(辛酉). 고려 현종(顯宗) 12년. 서기 1021년 7월 21일. 총독부박물관 제공.〕

39. 현화사비의 비음(碑陰) 탁본 세부.

40. 문수원중수비(文殊院重修碑). 강원 춘천. 고려시대.『조선고적도보』제6권, 조선총독부, 1918.

41. 문수원중수비의 탁본 세부.

42. 용문사중수비(龍門寺重修碑) 부분. 경북 예천. 고려시대.『조선고적도보』제6권, 조선총독부, 1918.

43-44. 보광사중창비(普光寺重創碑)와 비문 세부. 충남 부여. 고려 공민왕(恭愍王) 7년, 서기 1358년.

45. 신라 진흥왕(眞興王) 척경비(拓境碑). 경남 창녕. 561(신라).

46. 신라 진흥왕 척경비 탁본 세부.

47-48. 신라 진흥왕 순수비(巡狩碑)와 탁본 세부. 경기 고양.

資料

고유섭 저술목록(著述目錄)

* 이 목록은 우현 선생의 생전과 사후에 발표, 출간된 글과 저서를 각각 시대순으로
작성하여 한눈에 볼 수 있도록 한 것이다. 1993년 통문관(通文館)에서 발간한
'고유섭 전집' 제4권에 수록돼 있던 '고유섭 저작목록'(황수영 작성)을 토대로 정리했으며,
기존 서지사항의 일부 미진한 점 또는 오류 등을 보완하거나 바로잡았다.
다만, 저술이 아닌 '소장 사진' '스케치' '도면' '카드' '노트' '일기'와
다수의 '미발표 원고' 들은 여기서는 제외했다.―편집자

生前에 出刊한 著書

출간연도	책 제목	총서명 및 출판사
1939	朝鮮의 靑瓷	東雲文庫. 東京: 寶雲舍. 日文.
1943	開城府立博物館案內(*編著)	開城府立博物館. 日文.

死後에 出刊된 著書

출간연도	책 제목	총서명 및 출판사
1946	松都古蹟	博文出版社.
1948	朝鮮塔婆의 硏究	朝鮮文化叢書 3, 乙酉文化社.
1949	朝鮮美術文化史論叢	서울신문사.
1954	高麗靑瓷	秦弘燮 譯, 乙酉文化社.
1958	餞別의 甁	通文館.
1963	韓國美術史及美學論攷	通文館.
1964	韓國建築美術史草稿	考古美術資料 第6輯, 考古美術同人會.
1965	朝鮮畫論集成 上·下(*編著)	考古美術資料 第8輯, 考古美術同人會.
1966	朝鮮美術史料	考古美術資料 第10輯, 考古美術同人會.
	朝鮮美術文化史論叢	通文館.
1967	韓國塔婆의 硏究 各論草稿	考古美術資料 第14輯, 考古美術同人會.
1975	韓國塔婆의 硏究	同和出版公社.
1976	朝鮮畫論集成 上·下	影印本, 京仁文化社.
1977	우리의 美術과 工藝	悅話堂 美術文庫 29, 悅話堂.
	高麗靑瓷	三星文化文庫 94, 三星文化財團 出版部.
	松都의 古蹟	悅話堂 美術選書 10, 悅話堂.
	韓國美의 散策	東西文化社.

출간연도	책 제목	총서명 및 출판사
1978	朝鮮塔婆の研究	東京: 吉川弘文館. 日文.
1982	韓國美의 散策	韓國知性人代表傑作集 6, 뿌리출판사.
	韓國美의 散策	文公社.
1986	韓國美의 散策 1 · 2	一信書籍公社.
1993	高裕燮 全集 1—韓國塔婆의 研究	通文館.
	高裕燮 全集 2—韓國美術文化史 論叢	通文館.
	高裕燮 全集 3—韓國美術史及美 學論攷	通文館.
	高裕燮 全集 4—高麗青瓷 · 松都古蹟 · 餞別의 甁 · (附)著作目錄	通文館.
1999	又玄 高裕燮 先生의 한국건축미술사 초고	대원사.
2005	구수한 큰맛—우현 고유섭 선생의 한국미술사 연구	한국미술의 이해 2, 진홍섭 엮음, 다할미디어.
2007	朝鮮美術史 上—總論篇	又玄 高裕燮 全集 1, 悅話堂.
	朝鮮美術史 下—各論篇	又玄 高裕燮 全集 2, 悅話堂.
	松都의 古蹟	又玄 高裕燮 全集 7, 悅話堂.
2010	朝鮮塔婆의 研究 上—總論篇	又玄 高裕燮 全集 3, 悅話堂.
	朝鮮塔婆의 研究 下—各論篇	又玄 高裕燮 全集 4, 悅話堂.
	高麗青瓷	又玄 高裕燮 全集 5, 悅話堂.
	朝鮮建築美術史 草稿	又玄 高裕燮 全集 6, 悅話堂.
2013	美學과 美術評論	又玄 高裕燮 全集 8, 悅話堂.
	隨想 · 紀行 · 日記 · 詩	又玄 高裕燮 全集 9, 悅話堂.
	朝鮮金石學 草稿	又玄 高裕燮 全集 10, 悅話堂.

生前에 發表한 글

발표연도	글 제목	수록문헌	전집 수록
1922	東九陵遠足記	『學生』, 漢城圖書株式會社, 1922.	
1925	苦難	『文友』 創刊號, 京城大學 豫科 文友會, 1925.	第9卷
	心候	『文友』 創刊號, 京城大學 豫科 文友會, 1925.	第9卷
	夕照	『文友』 創刊號, 京城大學 豫科 文友會, 1925.	第9卷
	海邊에 살기	『文友』 創刊號, 京城大學 豫科 文友會, 1925.	第9卷
	聖堂	『文友』 創刊號, 京城大學 豫科 文友會, 1925.	第9卷
	無題	『文友』, 京城大學 豫科 文友會, 1925.	第9卷
	南窓一束	『文友』, 京城大學 豫科 文友會, 1925.	第9卷

발표연도	글 제목	수록문헌	전집 수록
1925	廢墟(詩劇)	『文友』, 京城大學 豫科 文友會, 1925.	
	京仁八景	『東亞日報』, 1925.	第9卷
1926	春愁	『文友』, 京城大學 豫科 文友會, 1926.	第9卷
	雜文隨筆	『文友』, 京城大學 豫科 文友會, 1926.	
1927	花江逍遙賦	『文友』第5號, 京城大學 豫科 文友會, 1927. 11. 10.	第9卷
1930	藝術的 活動의 本質과 意義	「藝術的の活動の本質と意義」, 京城帝國大學 卒業論文. 1930. 3. 日文.	第9卷
	美學의 史的 槪觀	『新興』第3號, 新興社, 1930. 7. 10.	第8卷
1931	金銅彌勒半跏像의 考察	『新興』第4號, 新興社, 1931. 1. 5.	第2卷
	新興藝術	『東亞日報』, 1931. 1. 24-28.(4회 연재) '蔡子雲' 이라는 이름으로 발표.	第8卷
	擬似金剛遊記	『新興』第5號, 新興社, 1931. 7. 5.	第9卷
	「協展」 觀評	『東亞日報』, 1931. 10. 20-23.(4회 연재)	第8卷
	朝鮮塔婆 槪說	『新興』第6號, 新興社, 1931. 12. 20.	第2卷
1932	高句麗의 美術	「高句麗의 美術―朝鮮美術史話 1」『東方評論』第2號, 東方評論社, 1932. 5. 9.	第1卷
	朝鮮 古美術에 關하여	『朝鮮日報』, 1932. 5. 13-15.	第1卷
	러시아의 建築	「露西亞의 建築」『新興』第7號, 新興社, 1932. 12. 14.	第8卷
1933	現代 世界美術의 歸趨	『新東亞』, 東亞日報社, 1933. 11. 日文.	第8卷
1934	寺跡巡禮記	『新東亞』, 東亞日報社, 1934. 8.	第9卷
	金剛山의 野鷄	『新東亞』, 東亞日報社, 1934. 9.	第9卷
	우리의 美術과 工藝	『東亞日報』, 1934. 10. 9-20.(10회 연재)	第2卷
	朝鮮 古蹟에 빛나는 美術	『新東亞』, 東亞日報社, 1934. 10 · 11.	第1卷
1935	高麗時代 繪畵의 外國과의 交流	「高麗時代の繪畵の外國との交涉」『學海』第1輯, 京城帝大 文科 助手會, 1935. 1. 日文.	第2卷
	高麗의 佛寺建築	『新興』第8號, 新興社, 1935. 5. 18.	第2卷
	演福寺와 그 遺物	『高麗時報』, 1935. 6. 1, 7. 1.(2회 연재)	第7卷
	美의 時代性과 新時代 藝術家의 任務	『東亞日報』, 1935. 6. 8-11.(3회 연재)	第8卷
	順天館의 沿革	『高麗時報』, 1935. 7. 16.	第7卷
	王輪寺와 仁熙殿	『高麗時報』, 1935. 8. 1.	第7卷
	興國寺와 그 附近	『高麗時報』, 1935. 8. 16.	第7卷
	高麗 畵跡에 對하여	『震檀學報』第3卷, 震檀學會, 1935. 9.	第2卷
	壽昌宮과 旻天寺	『高麗時報』, 1935. 11. 1.	第7卷
	奉恩寺와 國子監	『高麗時報』, 1935. 11. 16.	第7卷
	新羅의 工藝美術	『朝光』創刊號, 朝鮮日報社, 1935. 11.	第2卷
	由巖山의 古蹟	『高麗時報』, 1935. 12. 1.	第7卷
	朝鮮의 博塔에 對하여	『學海』第2輯, 京城帝大 文科 助手會, 1935. 12. 日文.	第2卷
	開城附民의 失功	『高麗時報』第3號, 1935.	第7卷

발표연도	글 제목	수록문헌	전집 수록
1936	昭格殿과 龜山寺	『高麗時報』, 1936. 1. 1, 15. (2회 연재, 補正 1941. 2. 12)	第7卷
	高句麗의 雙楹塚	『東亞日報』, 1936. 1. 5-6. (2회 연재)	第2卷
	高麗陶瓷	『東亞日報』, 1936. 1. 11-12. (2회 연재)	第2卷
	廣明寺와 溫鞋陵	『高麗時報』, 1936. 2. 1, 16. (2회 연재)	第7卷
	東洋畵와 西洋畵의 區別	『四海公論』 第2卷 第2號, 四海公論社, 1936. 2.	第8卷
	安和寺의 展望	『高麗時報』, 1936. 3. 1.	第7卷
	板積窯와 延興殿	『高麗時報』, 1936. 3. 16.	第7卷
	瓦製菩薩頭像	『朝光』 第2卷 第3號, 朝鮮日報社, 1936. 3.	第9卷
	玄化寺와 淸寧齋	『高麗時報』, 1936. 4. 1, 16. (2회 연재)	第7卷
	輓近의 骨董蒐集	『東亞日報』, 1936. 4. 14-16. (3회 연재)	第9卷
	古書畵에 對하여	『東亞日報』, 1936. 4. 25-27. (3회 연재)	第9卷
	玄陵·正陵 및 雲巖寺	「玄陵·正陵及雲巖寺」『高麗時報』, 1936. 5. 1.	第7卷
	開京의 城郭	「開城의 城郭(草稿)」『高麗時報』, 1936. 5. 16.	第7卷
	妙蓮寺와 三峴新宮	「妙蓮寺와 寒松亭(三峴新宮)」『高麗時報』, 1936. 6. 1.	第7卷
	開國寺와 南溪院	『高麗時報』, 1936. 6. 15. (修補 1941. 2. 14)	第7卷
	高麗 舊都 開城의 古蹟	『朝鮮日報』, 1936. 9. 29-30. (2회 연재)	第7卷
	哀想의 靑春日記	『朝光』 第2卷 第9號, 朝鮮日報社, 1936. 9.	第9卷
	靜寂한 神의 世界	『朝光』 第2卷 第10號, 朝鮮日報社, 1936. 10.	第9卷
	松都 古蹟 巡禮	「松京에 남은 古蹟」『朝光』 第2卷 第11號, 朝鮮日報社, 1936. 11.	第7卷
	朝鮮塔婆의 硏究 其1	『震檀學報』 第6卷, 震檀學會, 1936. 11.	第3卷
1937	古代美術 硏究에서 우리는 무엇을 얻을 것인가	『朝鮮日報』, 1937. 1. 4.	第8卷
	興旺寺의 歷史	『高麗時報』, 1937. 4. 16.	第7卷
	九齋學과 中和堂	『高麗時報』, 1937. 5. 1.	第7卷
	白馬山 江西寺의 浦景	『高麗時報』, 1937. 5. 16.	第7卷
	日月寺·廣明寺 辯	「龜臺辯—附 廣明·日月 兩寺考」『高麗時報』, 1937. 6. 1. (補丁 1941. 2. 13)	第7卷
	吹笛峯 天壽寺	『高麗時報』, 1937. 6. 15.	第7卷
	崇敎寺의 雲錦樓	「崇敎寺와 雲錦樓」『高麗時報』, 1937. 7. 1.	第7卷
	西郊 서쪽의 國淸寺	「西郊西의 國淸寺」『高麗時報』, 1937. 7. 16.	第7卷
	壽德宮 太平亭	『高麗時報』, 1937. 8. 1.	第7卷
	僧 鐵關과 釋中庵	「僧鐵關と釋中庵」『畵說』 第8號, 東京美術硏究所, 1937. 8. 日文.	第8卷
	善竹危橋石老鷛	『高麗時報』, 1937. 9. 1.	第7卷
	靈昌里 雙明齋 契會地	『高麗時報』, 1937. 10. 16.	第7卷
	復興寺의 雙塔 古蹟과 元通寺의 法華經書塔	『高麗時報』, 1937. 11. 16.	第7卷

발표연도	글 제목	수록문헌	전집 수록
1937	佛教가 高麗 藝術意慾에 끼친 影響의 한 考察	「佛教가 高麗 藝術意慾에 끼친 影響의 一考察」『震檀學報』第8卷, 震檀學會, 1937. 11.	第2卷
	中臺, 本是 法王寺 터	「中臺本是法王基」『高麗時報』, 1937. 12. 1.	第7卷
	時調一首	『高麗時報』四週年 및 社屋新築 記念席上 卽吟, 1937.	第9卷
	形態美의 構成	『梨花』第7輯, 1937.	第8卷
1938	所謂 開國寺塔에 對하여	『考古學』第9卷 第9號, 1938. 9. 日文.	第7卷
	高句麗 古都 國內城 遊觀記	『朝光』第4卷 第9號, 朝鮮日報社, 1938. 9.	第9卷
	售狗沽酒	『畫說』第22號, 東京美術研究所, 1938. 10. 日文.	第9卷
	餞別의 瓶	『京城大學新聞』, 1938. 12. 1.	第9卷
	아포리스멘	「앞호리스멘」『博文』第3輯, 博文書館, 1938. 12.	第9卷
	安堅	『國史辭典』第1冊, 東京: 富山房, 1938. 日文.	第8卷
	安貴生	『國史辭典』第1冊, 東京: 富山房, 1938. 日文.	第8卷
	尹斗緖	『國史辭典』第1冊, 東京: 富山房, 1938. 日文.	第8卷
	慶州紀行의 一節	『梨花』第8輯, 1938.	
1939	青瓷瓦와 養怡亭	『文章』第1卷 第1輯(創刊號), 文章社, 1939. 2.	第7卷
	養怡亭과 香閣	『茶わん』第100號, 1939. 2. 日文.	第7卷
	畫金青瓷와 香閣	『文章』第1卷 第3輯, 文章社, 1939. 4.	第7卷
	朝鮮塔婆의 研究 其2	『震檀學報』第10卷, 震檀學會, 1939. 4.	第3卷
	「所謂 開國寺塔에 對하여」의 補	『考古學』第10卷 第7號, 1939. 7. 日文.	第7卷
	名山大川	『朝光』第5卷 第7號, 朝鮮日報社, 1939. 7.	第9卷
	나의 잊히지 못하는 바다	『高麗時報』, 1939. 8. 1.	第9卷
	三國美術의 特徵	『朝鮮日報』, 1939. 8. 31-9. 3.(2회 연재)	第1卷
	善竹橋 辯	『朝光』第5卷 第8號, 朝鮮日報社, 1939. 8.	第7卷
	新羅와 高麗의 藝術文化 比較試論	「新羅와 高麗와의 藝術文化의 比較試論」『四海公論』, 四海公論社, 1939. 9.	第2卷
	八方金剛座	『文章』第1卷 第7輯, 文章社, 1939. 9.	第2卷
	朴淵說話	『文章』第1卷 第8輯, 文章社, 1939. 10.	第7卷
	金大城	『朝鮮名人傳』1, 朝鮮日報社, 1939.	第2卷
	安堅	『朝鮮名人傳』1, 朝鮮日報社, 1939.	第2卷
	恭愍王	『朝鮮名人傳』2, 朝鮮日報社, 1939.	第2卷
	金弘道	『朝鮮名人傳』2, 朝鮮日報社, 1939.	第2卷
	朴韓味	『朝鮮名人傳』2, 朝鮮日報社, 1939.	第2卷
	强古乃未	『朝鮮名人傳』3, 朝鮮日報社, 1939.	第2卷
	顧愷之	『世界名人傳』, 朝鮮日報社, 1939.	第8卷
	吳道玄	『世界名人傳』, 朝鮮日報社, 1939.	第8卷
1940	陽曆 正月	『高麗時報』, 1940. 1. 1.	第9卷
	朝鮮文化의 創造性	『東亞日報』, 1940. 1. 4-7.(4회 연재)	第1卷
	現代美의 特性	『人文評論』第2卷 第1號(新年特大號), 人文社, 1940. 1.	第8卷

발표연도	글 제목	수록문헌	전집 수록
1940	飜譯必要	『博文』第3卷 第1號, 博文書館, 1940. 1.	第9卷
	新羅의 美術	『太陽』第1卷 第2號, 朝鮮文化社, 1940년 2·3월 合倂號.	第2卷
	브루노 타우트의 『日本美의 再發見』	「名著解說: 日本美의 再發見」『人文評論』第2卷 第4號, 人文社, 1940. 4.	第9卷
	『回敎徒』讀後感	『家庭之友』第30號, 朝鮮金融聯合會, 1940. 4.	第9卷
	申世霖의 墓地銘	『文章』第2卷 第5輯, 文章社, 1940. 5.	第2卷
	開城博物館의 珍品解說	『朝光』第6卷 第6號, 朝鮮日報社, 1940. 6.	第9卷
	裁斷	『朝光』第6卷 第6號, 朝鮮日報社, 1940. 6.	第9卷
	地方에서도 工夫할 수 있을까	『良書』第12號, 朝鮮總督府圖書館, 1940. 6.	第9卷
	慶州 紀行의 一節	『高麗時報』, 1940. 7. 16, 8. 1. (2회 연재)	第9卷
	朝鮮 美術文化의 몇낱 性格	『朝鮮日報』, 1940. 7. 26-27. (2회 연재)	第1卷
	居祖庵 佛幀	『文章』第2卷 第6輯, 文章社, 1940. 7.	第2卷
	朝鮮 古代의 美術工藝	「朝鮮 古代の美術工藝」『モダン日本』朝鮮版 11卷 9號, モダン日本社, 1940. 8. 日文.	第1卷
	高麗의 京	『高麗時報』, 1940. 9. 1.	第7卷
	扶蘇山 敬天寺塔	『高麗時報』, 1940. 9. 16.	第7卷
	仁王霽色圖	『文章』第2卷 第7輯, 文章社, 1940. 9.	第2卷
	高麗王陵과 그 形式	『高麗時報』, 1940. 10. 1.	第7卷
	말로의 模倣說	『人文評論』第3卷 第9號, 人文社, 1940. 10.	第8卷
	仁齋 姜希顔 小考	『文章』第2卷 第8號, 第2卷 第9號, 文章社, 1940. 10-11. (2회 연재)	第2卷
	古代人의 美意識	『朝光』第6卷 第11號, 朝鮮日報社, 1940. 11.	第1卷
	正倉院 御物觀記	『每日申報』, 1940. 12. 8.	第9卷
	朝鮮의 彫刻	『英文大日本百科辭典』, 日本學術振興會, 1940. 日文.	第2卷
	朝鮮의 繪畵	『英文大日本百科辭典』, 日本學術振興會, 1940. 日文.	第2卷
1941	史上의 辛巳年	『高麗時報』, 1941. 1. 1.	第9卷
	古代 定都의 여러 條件과 開城	「古代定都의 諸條件과 開城」『高麗時報』, 1941. 2. 16.	第7卷
	藥師信仰과 新羅美術	「藥師信仰과 新羅美術─造形美術에 끼쳐진 影響의 一場面」『春秋』第2卷 第3號, 朝鮮春秋社, 1941. 3.	第1卷
	鄕土藝術의 意義와 그 助興	『三千里』第25卷, 三千里社, 1941. 4.	第8卷
	遊於藝	『文章』第3卷 第4號(廢刊號), 文章社, 1941. 4.	第8卷
	朝鮮塔婆의 硏究 其3	『震檀學報』第14卷, 震檀學會, 1941. 6.	第3卷
	朝鮮 古代美術의 特色과 그 傳承 問題	『春秋』第2卷 第6號, 朝鮮春秋社, 1941. 7.	第1卷
	開城博物館을 말함	『茶わん』, 1941. 8. 日文.	第7卷
	美術의 韓日交涉	「美術의 內鮮交涉」『朝光』第7卷 第8號, 朝鮮日報社, 1941. 8.	第8卷
	高麗陶瓷와 朝鮮陶瓷	「高麗陶瓷와 李朝陶瓷」『朝光』第7卷 第10號, 朝鮮日報社, 1941. 10.	第2卷

발표연도	글 제목	수록문헌	전집 수록
1941	高麗青瓷瓦	『春秋』第2卷 第10號, 朝鮮春秋社, 1941. 11.	第2卷
	我が博物館の誇り	『モダン日本』朝鮮版, 1941.	
1943	佛國寺의 舍利塔	『淸閑』15冊, 1943. 日文.	第2卷
	朝鮮塔婆의 樣式變遷	『日本諸學硏究報告』第21篇(藝術學), 東京: 文部省 敎學局, 1943. 日文.	第3卷
	「朝鮮塔婆의 樣式變遷」에 對하여	日本諸學振興委員會 藝術學會 發刊 小冊子, 1943. 日文.	第3卷

死後에 發表된 글

발표	글 제목	집필연도 및 최초 수록문헌	전집 수록
1948	朝鮮塔婆의 硏究	『朝鮮塔婆의 硏究』, 乙酉文化社, 1948. 原文은 日文.	第3卷
1955	朝鮮塔婆의 硏究 各論 1(各論 1-26)	「朝鮮塔婆의 樣式變遷 各論」(各論 1-26), 『東方學志』 第2輯, 延世大學校 東方學硏究所, 1955. 5.	第4卷
1958	高麗館中詩 二首	1940年 5月 31日 執筆. 『餞別의 甁』, 通文館, 1958.	第9卷
	自認定 他認定	1940年 12月 13日 執筆, 『博文』提出 削除分. 『餞別의 甁』, 通文館, 1958.	
1963	美學 槪論	1936年 가을 執筆. 延禧專門學校 出講 當時 油印된 講義案. 『朝鮮美術史及美學論攷』, 通文館, 1963. 原文은 日文.	第8卷
	佛敎美術에 대하여	1943年 7月 16日 執筆. 惠化專門學校 講演 手記. 『朝鮮美術史及美學論攷』, 通文館, 1963.	第8卷
1964	百濟建築	『韓國建築美術史草稿』, 考古美術同人會, 1964.	第2卷
1966	朝鮮塔婆의 硏究 各論 1(各論 27-38)	「朝鮮塔婆의 樣式變遷 各論 續」(各論 27-38), 『佛敎學報』 第3·4合輯, 東國大學校 佛敎文化硏究所, 1966. 12. 原文은 日文.	第4卷
	朝鮮美術史 序	『朝鮮美術史料』(考古美術資料 第10輯), 考古美術同人會, 1966.	第1卷
	朝鮮金石學	『朝鮮美術史料』(考古美術資料 第10輯), 考古美術同人會, 1966.	第10卷
	無終章	『朝鮮美術史料』(考古美術資料 第10輯), 考古美術同人會, 1966.	第9卷
	朝鮮美術略史	『朝鮮美術史料』(考古美術資料 第10輯), 考古美術同人會, 1966.	第1卷
	朝鮮 造形藝術의 始原	「朝鮮 造形藝術史 草本」『朝鮮美術史料』(考古美術資料 第10輯), 考古美術同人會, 1966.	第1卷
	朝鮮의 墓塔에 對하여	『朝鮮美術史料』(考古美術資料 第10輯), 考古美術同人會, 1966. 原文은 日文.	第2卷
	演福寺鐘에 關한 略解	『朝鮮美術史料』(考古美術資料 第10輯), 考古美術同人會, 1966. 原文은 日文.	第2卷
	文獻에 나타난 高麗 두 窯址에 對하여	「文獻에 나타난 高麗 二窯址에 對하여」『朝鮮美術史料』 (考古美術資料 第10輯), 考古美術同人會, 1966. 原文은 日文.	第2卷

발표연도	글 제목	집필연도 및 최초 수록문헌	전집 수록
1966	朝鮮美術略史 草稿 總目	『朝鮮美術史料』(考古美術資料 第10輯), 考古美術同人會, 1966.	第1卷
1967	朝鮮塔婆의 硏究 各論 2	『韓國塔婆의 硏究 各論草稿』(考古美術資料 第14輯), 考古美術同人會, 1967. 原文은 日文.	第4卷
2013	平生我自知	『隨想 · 紀行 · 日記 · 詩』(又玄 高裕燮 全集 第9卷), 悅話堂, 2013.	第9卷
	懺悔	『隨想 · 紀行 · 日記 · 詩』(又玄 高裕燮 全集 第9卷), 悅話堂, 2013.	第9卷
	學難	『隨想 · 紀行 · 日記 · 詩』(又玄 高裕燮 全集 第9卷), 悅話堂, 2013.	第9卷
	大覺國師碑에 關하여	『朝鮮金石學 草稿』(又玄 高裕燮 全集 第10卷), 悅話堂, 2013.	第10卷
	浮屠類	『朝鮮金石學 草稿』(又玄 高裕燮 全集 第10卷), 悅話堂, 2013.	第10卷

生前에 發表된 인터뷰 및 設問

발표연도	글 제목	수록문헌	전집 수록
1936	가을의 探勝處	『朝光』第2卷 第10號, 朝鮮日報社, 1936. 10.	第9卷
1937	日記 設問	『朝光』第3卷 第5號, 朝鮮日報社, 1937. 5.	第9卷
	鄕愁 設問	『朝光』第3卷 第5號, 朝鮮日報社, 1937. 5.	第9卷
	유머 設問	『朝光』第3卷 第5號, 朝鮮日報社, 1937. 5.	第9卷
	묵은 朝鮮의 새 香氣	『朝鮮日報』, 1937. 12. 12-13.	第9卷
1938	設問 1	『朝光』第4卷 第6號, 朝鮮日報社, 1938. 6.	第9卷
	設問 2	『朝光』第4卷 第6號, 朝鮮日報社, 1938. 6.	第9卷
	設問 3	『朝光』第4卷 第6號, 朝鮮日報社, 1938. 6.	第9卷
1940	餘白問答	『朝光』第6卷 第8號, 朝鮮日報社, 1940. 8.	第9卷
1941	設問 4	『朝光』第7卷 第4號, 朝鮮日報社, 1941. 4.	第9卷

고유섭 장서목록(藏書目錄)

* 이 목록은 우현 선생이 개성부립박물관장 재직 시 소장하던 천육백여 권의 장서목록으로,
우현 선생 사후 그의 문도(門徒)인 황수영(黃壽永) 선생이 소장하던 것을 목록화한 것이다.
일정한 분류 없이 서명·저자명·발행소·출판연월일·정가·책수·비고 등의 체제로 작성돼 있던 것을,
크게 예술·역사·철학·문학·언어학·사회과학·자연과학·문고·기타·사전·정기간행물 순으로 분류하고,
각 분야 내에서는 가나다순으로 정리했다. 출판연도는 모두 서기연도로, '本府'는 '朝鮮總督府'로,
'早大'는 '早稻田大'로, '城大'는 '京城帝大'로 각각 바꾸었다.―편집자

예술

서명	저자명	발행소	출판연월일	정가	책수	비고
鎌倉時代の繪畵	上野直昭	岩波書店	1934. 11. 6.		1	
建墓の研究	井下清	雄山閣	1942. 4. 20.	3원	1	
建築竝附帶工事用語	福岡庄一郎	滿洲建築勘會	1931. 6. 5.	2원	1	
建築の學と藝	伊東忠太	三笠書房	1942. 3. 20.	1원 80전	1	現代叢書 12
慶州古蹟圖彙	慶州古蹟保存會		1939. 8. 1.			
古代藝術と祭式	佐佐木理 譯	創元社	1941. 9. 10.	2원	1	ハリソン 著
高麗圖經とその陶瓷記錄	小林太市郎	窯藝美術陶磁文化研究所	1942. 5. 30.	75전	1	
高麗窯茶器	今泉雄作	彩壺會	1925. 9. 7.	50전	1	
古寫經綜鑒	田中塊堂	鵤故鄉舍	1942. 9. 25.	7원 50전	1	
工藝	柳宗悅	創元社	1941. 8. 10.	1원 60전	1	
功用論	本田顯彰	河出書房	1940. 8. 26.	2원 50전	1	藝術論 第5卷
觀念形態論	三木清	鐵塔書院	1931. 6. 17.	1원 80전	1	
ギリシヤの瓶繪	村田數之亮	アルス社	1942. 11. 25.	1원 20전	1	アルス文化叢書 25
極東の三大藝術	小野玄妙	丙午社	1924. 5. 25.	2원 50전	1	
近代唯美思潮研究	益田道三	昭森社	1941. 8. 20.	2원	1	
近代佛蘭西繪畵論	稅所篤二	建設社	1931. 2. 23.	1원 60전	1	
近代畵家論	澤村寅二郎	弘文堂	1940. 3. 25.	50전	1	
近世美學史	德永郁介	第一書房	1934. 6. 15.	1원	1	
槿域書畵徵	沈友燮	啓明俱樂部	1928. 5. 5.	2원 50전	1	
論畵輯要	馬克明	上海 商務印書館	1928. 10.	大洋 5角		
瀧拙庵美術論集	瀧精一	座右寶	1943. 12. 20.	9원 6전	1	日本篇
ユトリロ畵集	宮田重雄 編	アトリエ社	1932. 10. 20.	2원 50전	2	

서명	저자명	발행소	출판연월일	정가	책수	비고
唐閻立本帝王圖眞蹟	閻中林	商務印書館	1917. 10.	大洋 1元 5角	1	
大同石佛寺	木下杢太郎	座右寶	1938. 12. 22.	3원 80전	1	
大乘佛教藝術史研究	小野玄妙	金尾文淵堂	1944. 3. 10.	5원 50전	1	
陶器を見る眼	加藤春鼎 等	春岱寮	1939. 6. 5.	4원 20전	1	
東大寺	新井和臣	關西急行	1941. 9. 5.	70전	1	
陶磁往來	加藤春鼎	春岱寮	1939. 1. 28.	2원 50전	1	
東亞美術史綱	林愛作	創元社	1939. 12. 25.	1원 20전	1	日本文化名著選
東亞美術史綱	有賀長雄	創元社	1942. 6. 10.	1원 20전	1	日本文化名著選
東洋美術論	金原省吾	大日本雄辯會 講談社	1942. 4. 17.	1원 70전	1	
東洋美術文獻目錄	美術研究所	座右寶	1941. 12. 5.	16원	1	
東洋美術史	大村西崖	文玩社	1926. 5. 5.	3원 80전	1	
東洋美術史研究	濱田耕作	座右寶	1943. 4. 20.	7원 50전	1	
東洋音樂の印象	田邊尚雄	人文書院	1941. 10. 15.	2원	1	
東洋の古代藝術	松本文三郎	創元社	1943. 8. 20.	4원 68전	1	
東洋漆工史	六角紫水	雄山閣	1932. 3. 30.		1	東洋藝術史講座
東洋畫の見方と技法	下店靜市	駸駸堂	1943. 4. 20.	3원	1	
東洋畫論	荒木十畝	小學館	1943. 3. 20.	5원 80전	1	
東洋繪具考	鹽田力藏	アトリエ社	1942. 11. 20.	4원	1	
繪卷物の鑑賞	望月信成	寶雲舍	1940. 9. 25.	1원 50전	1	
燈籠·平水鉢	川勝政太郎	江原書店	1942. 9. 10.	2원 30전	1	
ロダン	高村光太郎	アルス社	1928. 4. 4.	1원	1	アルス美術叢書
室町時代美術史論	谷信一	東京堂	1942. 8. 30.	6원	1	
無の藝術	山口諭男	理想社	1939. 9. 15.	1원 20전	1	
文藝思想	神田豊穂	春秋社	1928. 1. 20.		1	大思想エンサイクロペヂア 第10卷
美術の話	坂崎坦	朝日新聞社	1929. 11. 1.	2원 50전	1	常識講座 2
美術槪論	森口多里	早稻田大 出版部	1929. 2. 28.	2원 50전	1	
美術槪論	兒島世久雄	小山書店	1936. 1. 18.	2원	1	
美術批評と美術問題	兒島世久雄	小山書店	1936. 12. 5.	2원	1	
美術史論	外山卯三郎	建設社	1937. 3. 25.	3원	1	現代哲學全集 第20卷
美術樣式論	長廣敏雄	座右寶	1942. 4. 25.	7원 80전	1	
美術研究索引	美術研究所	岩波書店	1941. 3. 25.	3원	1	
美術音樂	神田豊穂	春秋社	1929. 3. 20.		1	大思想エンサイクロペヂア 第12卷

서명	저자명	발행소	출판연월일	정가	책수	비고
美と崇高	村山勇三	人文會	1926. 5. 17.	1원 60전	1	
美の果無さと藝術家の冒險性	湯淺誠之助	理想社	1938. 4. 20.	60전	1	
美の本體	岸田劉生	河出書房	1942. 5. 1.	2원 30전	1	
美の彫刻	本鄕新	富山房	1942. 8. 25.	2원	1	
美學及文學史論	川口浩 譯	叢文閣	1931. 2. 14.	80전	1	メーリング 著
美學及藝術論	大西克禮	岩波書店	1936. 5. 10.	4원 50전	1	
美學及藝術學講義	金子憲	理想社	1941. 10. 20.	2원 80전	1	
美學及藝術學史	大西昇	理想社	1938. 8. 20.	2원 20전	1	
美學	山際靖	朝倉書店	1941. 12. 15.	3원 20전	1	
美學	植田壽藏	岩波書店	1932. 3. 5.		1	上
美學	阿部次郎	岩波書店	1926. 11. 10.	1원 80전	1	
美學槪論	山際靖	東洋圖書	1934. 2. 22.	2원 50전	1	
美學槪論	大倉克次	大倉廣文堂	1932. 4. 15.	1원 50전	1	
美學と藝術學	櫻田總子	日本評論社	1936. 3. 25.	2원	1	
美學史要	德永郁介 譯	第一書房	1934. 1. 12.	1원 50전	1	エミノルウィツ 著
美學硏究					5	
民藝とは何か	柳宗悅	昭和書房	1941. 6. 10.	3원 50전	1	民藝叢書 第1篇
博物館陳列品圖鑑					14	
佛敎美術	逸見梅榮	三省堂	1936. 5. 25.	1원	1	靑年佛敎叢書
佛國寺と石窟庵	朝鮮總督府 編	朝鮮總督府	1938.		1	朝鮮古蹟圖錄 第1
佛像圖鑑					4	
批評と鑑賞	本間久雄	河出書房	1940. 7. 19.	2원 50전	1	藝術論 3
三島刷毛目	山田萬吉郎	寶雲舍	1943. 2. 5.	3원 80전	1	
上代の彫刻	上野眞昭	朝日新聞社	1942. 6. 20.	15원	1	
書道全集					3	
西洋美術史硏究	澤木四方吉	岩波書店	1932. 5. 25.	1部 5원 50전	2	上下
西洋美學史	鼓常良	三笠書房	1942. 3. 20.	1원 80전	1	
西洋美學史	鼓常良	三笠書房	1942. 9. 20.	1원 80전	1	
西洋音樂物語	大田黑元雄	第一書房	1933. 4. 10.	1원 50전	1	
西洋音樂史	河上徹太郎	創元社	1941. 3. 17.	2원	1	
西洋音樂入門	大田黑元雄	第一書房	1931. 4. 25.	1원 50전	1	
書畵書錄解題					6	
世界美術全集					36	
世界美術全集					18	別卷
世界音樂全集					4	

서명	저자명	발행소	출판연월일	정가	책수	비고
音とは何か	小幡重一	岩波書店	1942. 7. 19.	1원 20전	1	少國民の爲に, 第4
純粹感情の美學	村上寛逸	第一書房	1939. 6. 5.	3원 80전	1	
純粹美學原論	小笠原秀實	弘道閣	1925. 4. 1.	2원 80전	1	
シユ-ルレアリズム繪畵論	阿部金剛	天人社	1931. 6. 25.	50전	1	
文藝復興期シエナ及ウムブリア の畵家	菅原芳郎, 茂串茂 譯	アトリエ社	1943. 3. 10.	7원 50전	1	B. ベレンソン 著
樂學軌範					6	1帙
アンコ-ルワット	藤岡通夫	彰國社	1943. 5. 20.	3원	1	東亞建築撰書 4
大和の石造美術	川勝政太郎	天理時報社	1942. 10. 25.	2원 50전	1	
エレクティオンのカリアティデに 就て	上野直昭	京城帝國大學文 學會	1933.		1	
映畵美學と映畵社會學	佐佐木能理男 譯	三陽堂	1932. 5. 18.	1원 50전	1	
藝術と道德	西田幾多郎	岩波書店	1924. 2. 10.	2원 30전	1	
藝術論	金田廉 譯	第一書房	1928. 12. 15.	2원 50전	1	フィ-ドレル 著
藝術論	植村鷹千代	創元社	1939. 9. 18.	1원 20전	1	
藝術論	藏原惟人	中央公論社	1932. 12. 8.	1원 50전	1	
藝術方法論	山際靖	河出書房	1940. 7. 5.	2원 50전	1	藝術論 2
藝術史論	矢崎美盛	河出書房	1941. 1. 20.	2원 50전	1	藝術論 第4卷
藝術社會學	昇曙夢	新潮社	1930. 5. 1.	1원 50전	1	
藝術社會學の方法論	藏原惟人 譯	叢文閣	1930. 10. 16.	60전	1	フリ-チェ 著
藝術社會學の諸問題	黑田辰男 譯	往來社	1932. 3. 20.	1원 50전	1	フリ-チェ 著
藝術の意味	足立重 譯	伊藤書店	1939. 9. 20.	2원 50전	1	ハ-バ-ト リ-ド 著
藝術哲學	廣瀬哲士 譯	雙樹社	1924. 6. 25.	2원 20전	1	テエヌ 著
藝術哲學	務台理作	河出書房	1940. 6. 15.	2원 50전	1	藝術論 1
藝術通論	山際靖	第一書房	1941. 4. 30.	1원 50전		
藝術學	鼓常良	三笠書房	1943. 2. 20.	2원		
藝術學	高沖陽造	美瑛堂	1937. 6. 18.	1원 60전	1	
藝術學研究	伊藤山三郎	內外社	1931. 5. 5.	1원	1	
雲岡石窟とその時代	水野精一	富山房	1941. 5. 30.	1원 20전	1	
原刻草字彙法帖					6	1帙
元大都宮殿圖考	朱偰	商務印書館	1936. 9.		1	
音樂讀本	伊庭孝	昭和書院	1937. 7. 10.	2원 30전	1	
音樂藝術史	大田黑元雄	第一書房	1930. 4. 18.	2원 80전	1	
理論藝術學槪論	外山史郎	鐵塔書院	1931. 9. 15.	1원 50전	1	
二十世紀繪畵大觀	外山卯三郎	金星堂	1930. 11. 20.	2원 50전	1	
李朝染付	笠井周一郎	寶雲舍	1942. 6. 5.	1원 80전	1	東雲文庫 8
イタリア古典期美術	矢田部達郎	岩波書店	1929. 2. 20.	3원	1	

서명	저자명	발행소	출판연월일	정가	책수	비고
印度南海の佛教美術	高田修	創藝社	1944. 4. 15.	9원 60전	1	
印度美術の主調と表現	岡本貫瑩	畝傍書房	1943. 1. 15.	3원 80전	1	
印度の古壁畫を探る	杉本哲郎	立命館出版部	1940. 6. 20.	2원 50전	1	
日本建築の研究	伊東忠太	龍吟社	1942. 9. 20.	7원	1	下卷
日本建築の研究	伊東忠太	龍吟社	1942. 9. 20.	8원	1	
日本工藝史	滿岡忠成	三笠書房	1942. 3. 25.	1원	1	
日本美術論	金原省吾	河出書房	1940. 1. 15.	1원 20전	1	
日本美術史研究	濱田耕作	座右寶	1940. 12. 10.	6원 80전	1	
日本佛教美術之研究	堀口蘇山	巧藝社	1929. 7. 1.	3원 80전	1	
日本音樂講話	田邊尙雄	文化生活研究會	1927. 11. 1.		1	
日本の鑄金	香取秀眞	三笠書房	1942. 7. 20.	2원	1	現代叢書 25
日本彫刻の美	野間淸六	不二書房	1943. 1. 30.	4원 80전	1	
日本畫論大觀	坂崎垣	アルス社	1927. 10. 15.	6원 80전	1	上卷
日本繪畫三代志	石井柏亭	創元社	1942. 7. 15.	1원 80전	1	創元選書
働くものから見るものへ	西田幾多郎	岩波書店	1927. 10. 15.	3원 20전	1	
自覺に於ける直觀と反省	西田幾多郎	岩波書店	1922. 1. 10.	3원 20전	1	
篆文四書					6	1帙
朝鮮建築史論	藤島亥治郎				1	建築雜誌 製本
朝鮮古蹟圖譜					1	第2卷
朝鮮寶物古蹟名勝天然記念物 要覽	朝鮮總督府 編		1937. 3. 31.		1	
朝鮮石塔	杉上信三	彰國社	1944. 3. 20.	3원 70전	1	
朝鮮迎接都監都方儀軌	故宮博物館	翻印必究	1932. 1.		1	
朝鮮の建築と藝術	關野貞	岩波書店	1941. 8. 30.	7원	1	
朝鮮の靑磁	高裕燮	寶雲舍	1939. 10. 5.	1원 30전	1	東雲文庫 5
造型美術槪論	外山卯三郎	建設社	1930. 9. 23.	2원 80전	1	
造型藝術社會學	川口浩 譯	叢文閣	1929. 11. 8.	1원	1	ハウヂェンシュ タイン 著
支那及滿蒙の建築	伊藤淸造	大阪屋號	1940. 8. 25.	4원 50전	1	
支那建築史	岸田日出刀	雄山閣	1932. 5. 10.	3원 20전	1	
支那建築史	伊藤忠太	雄山閣	1931. 3. 30.		1	東洋史講座 第11卷
支那古今書道通史	芳賀雄	大阪屋號	1942. 12. 20.	2원	1	
中國明器	鄭德坤	燕京社	1933. 1.	1元	1	
支那の建築と藝術	關野貞	岩波書店	1938. 9. 10.	6원 50전	1	
支那の佛塔	村田治郎	富山房	1940. 9. 30.	1원 20전	1	
支那靑磁史稿	小山富士男	文中堂	1943. 12. 25.	6원 80전	1	
中國畫學全史	鄭昶	上海 中華書局	1929. 5.	4元	1	

서명	저자명	발행소	출판연월일	정가	책수	비고
中國繪畫上的六法論	劉海粟	中華書房	1931. 2. 1.	大洋 1元	1	
靑銅器硏究要纂	田中震二 譯	文求堂	1935. 4. 15.	60전	1	郭沫若 著
草書尺讀					1	手筆
趣味の慶州	大坂六村	慶州古蹟保存會	1934. 10. 1.	1원	1	
クロォチェ	羽二五郎	河出書房	1940. 1. 20.	1원 50전	1	
塔婆之硏究	佐伯啓造	鵤故鄕吉	1933. 12. 10.	3원 50전	1	
パルテノン	富永惣一 譯	岩波書店	1929. 12. 20.	3원	1	コリニョン 著
佩文齋書畫譜					8	1帙
佩文齋書畫譜					8	1帙 9-16
表現と背景	板垣鷹穗	改造社	1924. 6. 20.	3원 80전	1	
學生と藝術	河台榮治郎	日本評論	1940. 11. 23.	2원 50전	1	
現代美術論集	外山卯三郎	春秋社	1929. 11. 15.	50전	1	
現代美術理論	守屋謙二	春秋社	1934. 5. 25.	50전	1	
現代美學思潮	渡邊吉治	モナス社	1927. 12. 10.	4원 50전	1	
現代美學の問題	大西克禮	岩波書店	1927. 5. 30.	2원	1	
現代歐洲藝術	瑪案	大江書鋪	1930. 6. 28.	大洋 1元	1	
現象學的藝術論	高橋禎二	神谷書店	1929. 12. 20.	1원 50전	1	
現象學派ノ美學	大西克禮	岩波書店	1937. 9. 10.	3원 50전	1	
現象學派ノ美學	大西克禮	岩波書店	1937. 9. 10.	3원 50전	1	1帙
法隆寺	新井和臣	關西鐵道	1941. 9. 5.	90전	1	
法隆寺	伊東忠太	創元社	1940. 11. 15.	1원 40전	1	創元選書
法隆寺壁畫の硏究	內藤藤一郎	東洋美術硏究會	1932. 10. 15.	3원 80전	1	
法隆寺硏究	內藤藤一郎	古代文化硏究	1933. 7. 15.	3원 60전	1	
法隆寺硏究	內藤藤一郎	東洋美術硏究所	1932. 8. 15.	3원 60전	1	
畫學心印桐陰論畫合刻		上海 掃葉山房			1	1帙
黃山谷書法		尙古山房			1	
繪畫鑑賞の心理	松本亦太郎	岩波書店	1926. 10. 5.	3원 20전	1	

역사

서명	저자명	발행소	출판연월일	정가	책수	비고
開城郡面誌	山崎駿二	開城圖書館	1927. 10. 15.	75전	1	
建州紀程圖記			1940. 8. 15.		1	淸芬室叢刊 第1
慶州の金冠塚	濱田耕作	似玉堂	1932. 11. 20.	1원 50전	1	
考古遊記	濱田靑陵	刀江書院	1929. 7. 10.	3원 36전	1	
考古學硏究	濱田耕作	座右寶	1939. 9. 5.	8원	1	
古今名賢傳	弘文社	弘文社	1922. 9. 30.	4원 50전	1	

서명	저자명	발행소	출판연월일	정가	책수	비고
高麗史	市島謙吉	武木印刷所	1909. 10. 5.		3	
基督教史	奇怡富	總理院	1932. 12. 3.	1원 20전	1	
拿破崙史	編輯部 編	博文書館	1908.	40전	1	
鏤板考	李鍾萬	大同出版社	1941. 6. 20.	5원	1	
大唐西域求法高僧傳	足玄世六	岩波書店	1942. 5. 13.	4원	1	
大唐西域記					4	1帙
帶方郡及その遺蹟	朝鮮總督府 編		1935. 10. 10.		1	
大韓彊域考	丁若鏞	博文社	1905. 1.	2원	1	
大韓地誌	玄采 譯		1899. 12. 25.		2	上下
東方文化史叢考	京城帝大 文學會	大阪屋號	1935. 3. 18.	3원		
東史年表	魚允迪	寶文館	1915. 12. 21.	2원	1	
東亞佛敎史	金山正好	理想社	1942. 12. 10.	5원 80전	1	
東亞香料史	山田憲太郎	東洋堂	1942. 5. 18.	3원 50전	1	
東洋考古學	江上波夫 等 編	平凡社	1939. 11. 20.	5원	1	
東洋天文學史論叢	能田忠亮	恒星社	1943. 10. 28.	10원 40전	1	
東洋哲學史	宇井伯壽	岩波書店	1932. 3. 5.		1	岩波講座 哲學
東洋哲學史	秋澤修二	白揚社	1939. 1. 25.	2원	1	世界哲學史 2
杜門洞實記	禹相輔	文化社	1927. 5. 7.	3원 50전	1	
ラテン文學史	田中秀央	生活社	1943. 5. 20.	4원	1	
滿鮮史硏究	池內宏	荻原星	1943. 9. 15.	8원 40전	1	
滿洲碑記考	鴛淵一	目黑書店	1943. 1. 10.	1원 80전	1	大陸叢書
蒙古喇嘛敎史	外務省調査部 譯	生活社	1941. 10. 10.	4원 50전	1	ジクメ・ナムカ 著
蒙古史雜考	岩村忍	白林書房	1943. 2. 18.	3원 80전	1	
北京案內記	安藤更生	新民印書館	1942. 3. 1.	3원 50전	1	
ヴント倫理學史	角田柳作	秀英舍	1904. 8. 10.	75전	1	
史前史	大島正滿 等	平凡社	1940. 9. 25.	4원	1	
史學槪論	野野村戒三	早稻田大 出版部	1931. 1. 10.	2원 50전	1	
史學論叢	松本重彦	岩波書店	1941. 11. 28.	3원 50전	1	京城帝大 文學會 編
史學論叢 (2)	松本重彦 等	岩波書店	1941. 11. 28.	3원 50전	1	
産業革命史	上田貞次郎	改造社	1930. 2. 28.		1	經濟學全集 第39卷
三國遺事・三國史記					1	製本
上都	原田淑人 等	座右寶	1941. 11. 30.	20원	1	東方考古學叢刊 乙種 第2冊
西域文化史槪論	羽田亨	弘文堂書店	1931. 4. 8.	3원 50전	1	
西域史硏究	白鳥庫吉	岩波書店	1941. 9. 20.	5원 50전	1	
徐花潭先生神道碑銘					1	

서명	저자명	발행소	출판연월일	정가	책수	비고
禪定思想史	增永靈鳳	日本評論	1944. 4. 10.	2원 80전	1	
鮮支巡禮行	大屋德城	東方文獻刊行會	1930. 6. 5.	3원	1	
世界歷史 (2)	和田淸 等	河出書房	1941. 9. 15.	3원 30전	1	
世界歷史 (5)	岩波成雄 等	河出書房	1941. 3. 31.	3원 30전	1	
世界印刷通史	中山久四郎	三秀社	1930.	非賣品	2	上下
世界興亡史					11	
續萬二千峰	佐瀨直衛	每日新報	1943. 11. 20.	2원 50전	1	
昭和十一年度古蹟調査報告	朝鮮古蹟研究會	朝鮮總督府	1937. 7. 25.		1	
昭和十二年度東洋史研究文獻 類目					1	
昭和十三十四年度東洋史研究 文獻類目					1	
辛未洪景來亂の研究	小田省吾	京城帝大 法文學部	1934. 9. 1.		1	
歷史	靑木巖 譯	生活社	1941. 7. 6.	4원 80전	1	上卷, トウ-キュ-デイデ-ス 著
歷史	靑木巖 譯	生活社	1941. 3. 30.	4원 80전	1	下卷, トウ-キュ-デイデ-ス 著
歷史的思考入門	上原專祿 譯	日本評論社	1942. 10. 15.	3원 50전	1	ラムプレヒト 著
藝術敎育思想史	關衛	厚生閣	1925. 10. 18.	3원 80전	1	
五臺山	小野勝年 等	座右寶刊行會	1942. 10. 2.	5원 30전	1	
魏碑四種					1	
魏晉南北朝通史	岡崎文夫	弘文堂書房	1932. 9. 15.	5원	1	
印度佛敎史	馬田行啓	早稻田大 出版部	1927. 4. 20.	2원 70전	1	
全國博物館案內	日本博物館協會	刀江書院	1932. 7. 15.	1원 80전	1	
朝鮮各道府邑面間里程表	朝鮮總督府司計課	朝鮮總督府	1942. 11. 16.		1	
朝鮮金石志資料					1	
朝鮮寶物古蹟調査資料	朝鮮總督府 編	朝鮮總督府	1942. 3. 31.		1	
朝鮮佛敎通史	李能和	新文館	1918. 3. 10.	6원 50전	2	
朝鮮史 第1편 제3권	朝鮮總督府 編	朝鮮總督府	1933. 3. 31.	2원 50전	1	
朝鮮寺刹資料					1	寫本
朝鮮社會經濟史	白南雲	改造社	1933. 9. 9.		1	經濟學全集 第61卷
朝鮮山水圖經	元泳義	徽文館	1911. 12. 20.	50전	1	
朝鮮禪敎史	忽滑谷快天	春秋社	1930. 9. 25.		1	
朝鮮役水軍史	有馬成甫	海と空社	1942. 1. 10.	4원 50전	1	
朝鮮の鑛業	近藤忠三	東都書籍株式會社	1943. 9. 15.	1원 80전	1	

서명	저자명	발행소	출판연월일	정가	책수	비고
朝鮮の土壤と肥料	三須英雄	東都書籍	1943. 7. 20.	1원 50전	1	朝鮮新書 2
朝鮮最近世史	李瑄根	流星社書店	1931. 4. 10.	70전	1	
左鮮野史全集					3	
中京誌	崔南善	朝鮮光文會	1914. 10. 30.	1원 35전	1	製本
支那考古學論攷	梅原末治	弘文堂	1938. 10. 20.	7원	1	
支那官制發達史	和田淸	中央大 出版部	1942. 6. 5.		1	
支那文學思想史	靑木正兒	岩波書店	1943. 4. 15.	3원 80전	1	
支那封建社會史	野原四郎	四海書房	1931. 5. 23.	85전	1	
支那佛敎史硏究	塚本善隆	弘文堂	1942. 10. 15.	10원	1	
支那佛敎史蹟踏査記	常盤大完	龍吟社	1938. 9. 1.	12원	1	
支那史硏究	市村瓚太郎	春秋社	1943. 10. 20.	4원 68전	1	
支那儒道佛交涉史	久保田量遠	大東出版社	1943. 2. 20.	2원 80전	1	大東名著選
支那淨土敎理史	望月信孝	法藏館	1942. 7. 10.	6원	1	
支那宗敎史	安藤德器	白揚社	1942. 2. 20.	3원	1	
支那周邊史	安藤德器	白揚社	1943. 12. 20.	1部 3원 60전	1	上下
支那中世佛敎の展開	山崎宅	淸水書房	1942. 10. 18.	12원	1	
支那婚姻史	藤澤衛彦	大東出版社	1940. 4. 20.	3원 20전	1	
支那回敎史	井東憲	岡倉書房	1942. 5. 10.	3원	1	
中央亞細亞の古蹟	滿鐵弘報課 譯	朝日新聞社	1941. 8. 20.	1원 30전	1	M. A. スタイン 著, 大陸叢書 第7卷
地圖の話	武藤勝彦	岩波書店	1942. 6. 18.	1원 20전	1	
地文學	吉田弟彦	博文社	1907. 1. 25.	40전	1	
耽羅紀年	金錫翼	以文堂	1918. 7. 15.	60전	1	
法國革新戰史	皇城新聞		1900.	30전	1	
鄕土博物館	棚橋源人郎	刀江書院	1932. 9. 15.	1원 60선	1	
血史	美國佛蘭斯士 專遜	廣智書局	1905. 12. 20.	1원	1	
慧超往天竺國傳箋					1	1帙
華嚴思想史	商峯了洲	興敎書院	1942. 10. 15.	5원	1	

철학

서명	저자명	발행소	출판연월일	정가	책수	비고
巾衍集					1	
古家書蹟					1	

서명	저자명	발행소	출판연월일	정가	책수	비고
校補增批蘇氏孟子					2	1帙
國譯一切經	岩野眞雄	大東出版社	1928. 12. 26.		1	
君主論	多賀善彦	創元社	1940. 2. 10.	1원 60전	1	
金剛經					1	
南方佛敎の樣態	龍山章眞	弘文堂	1942. 12. 5.	3원 90전	1	
論語集註	朱熹 註	池善書店	1924. 7. 1.	1원	1	
大般涅盤經疏					1	1帙
大思想家	大橋勉	岩波書店	1929. 2. 10.	2원 30전	1	
大日本佛敎全書	高楠順次郎	有精堂	1932. 8. 10.		1	
大日本佛敎全書					2	
大學新講義	薛元植	小梧山房	1939. 12. 20.	1원 50전	1	
大學中庸章句	池亮吉	池善書店	1925. 1. 25.	42전	1	
道家の思想と展開	津田左右吉	岩波書店	1941. 5. 5.	5원 50전	1	
東洋の理想	淺野晃	創元社	1940. 6. 20.	1원	1	創元選書
マルクスエンゲルス全集	山本美	改造社	1928. 6. 25.		1	第1卷
マキアベリ-君主論	羽仁五郎	岩波書店	1936. 12. 25.		1	大思想文庫
文字類輯					1	
未開社會の思惟	山田吉彦	小山書店	1939. 10. 20.	2원 30전	1	
密敎槪論	高神覺昇	第一書房	1937. 6. 20.	1원 80전	1	
百家雜鈔					6	前
佛敎論文總目錄	坪井德光	潮書房	1931. 6. 15.	3원 50전	1	
佛敎要領十講	椎尾辨匡	大東出版社	1941. 7. 15.	1원 80전	1	大東名著選
佛敎諸宗槪說	大谷大學	法藏館	1941. 9. 25.	2원	1	
佛敎學入門	木村泰賢	大東出版社	1942. 6. 20.	2원 50전	1	
佛性の硏究	常盤大完	明治書院	1944. 2. 20.	5원 40전	1	
社會思想全集	島中雄三	平凡社	1930. 7. 1.		1	第17卷
社會思想全集	島中雄三	平凡社	1931. 6. 1.		1	第19卷
三綱行實圖					1	
三隱集	朝鮮古書刊行會		1915. 11. 6.	4원	1	
喪祭類抄	洪淳泌	朝鮮圖書株式會社	1926. 11. 15.	45전	1	
喪祭類抄	洪淳泌	朝鮮圖書株式會社	1926. 11. 15.	45전	1	
西洋哲學史	河合讓 譯	改造社	1931. 7. 15.	3원 50전	1	ヴィニデルバンド 著
禪と念佛の心理學的基礎	鈴木大拙	大東出版所	1944. 4. 1.	2원 45전	1	
禪の諸問題	鈴木大拙	大東出版社	1941. 7. 15.	1원 80전	1	
鮮朝名勝實記	徐光前	大東社	1914. 10. 25.	85전	1	

서명	저자명	발행소	출판연월일	정가	책수	비고
星湖僿說	洪翼杓	文光書林	1929. 12. 25.	6원	1	上卷
星湖僿說	洪翼杓	文光書林	1929. 12. 25.	6원	1	下卷
世界大思想全集					1	第8卷
世界大思想全集					5	
世界思潮					12	
孫武子書					4	1帙
孫子新釋	久保王隨	博文社	1911. 5. 20.	38전	1	
シペングレルの哲學	奧津彦雲 譯	共立堂	1926. 10. 10.	2원 70전	1	アウグスト メッセル 著
詩傳					1	
新編圃隱集	朴頤陽	崧陽書院	1914. 6. 30.	45전	1	
實際的心理學	高島平三郎	廣文堂	1925. 4. 5.	3원 80전	1	
顏魯公之研究	相浦知男	雄山閣	1942. 5. 30.	4원 80전	1	
淵泉集	韓章錫	韓光社	1911. 1. 13.		1	
列聖御歌		隆文館	1924. 12. 10.	5원	1	
五經					4	1帙
王陽明出身靖亂錄		高山堂			1	下卷
原人の思想	金澤庄三郎	創元社	1941. 6. 10.	1원 20전	1	日本文化名著選 第2輯
僞經考	康有爲	商務印書館	1936. 12.	法幣 6元	2	上下 卷
陸象山·王陽明	山田準	岩波書店	1943. 3. 15.	1원 30전	1	
倫理學槪論	大島正德	至文堂	1924. 5. 12.	2원 70전	1	
飮氷室自由書	梁啓超	廣智書局	1907. 3.	大洋 4角	1	
イマヌエルカント 道德哲學 原論	安倍能成·藤原正 譯	岩波書店	1927. 2. 25.	1원 80전	1	カント 著
イマヌエルカント美と崇高との 感情性に關する觀察	上野直昭				1	
イマヌエルカント プロレゴ─ メナ	桑木嚴翼·天野貞 祐 譯	岩波書店	1926. 11. 15.	2원 50전	1	カント 著
精校左傳杜林合註					1	1帙
淨土系思想論	鈴木大拙	法藏館	1942. 12. 1.	5원 50전	1	
帝王韻記	朝鮮古典刊行會				1	影印本
存在論と辯證法	大江精志郎	理想社	1932. 3. 20.	70전	1	
左傳新鈔	鹽谷溫	弘道館	1925. 1. 28.	1원 20전	1	
支那思想とフランス	小林太市郎	弘文堂	1939. 5. 22.	50전	1	弘文堂 刊
支那學	狩野直世 等	弘文堂	1942. 4.	8원	1	
中庸集註					1	
集註論語					1	

서명	저자명	발행소	출판연월일	정가	책수	비고
集註周易					1	
哲學講座					15	
哲學槪論	松原寬 譯	日本大 出版部	1927.4.20.	4원	1	ウヰンデルバンド 著
哲學論集	京城帝大 法文學部	刀江書院	1930.9.5.		1	
哲學論叢	淸水淸	岩波書店	1929.6.30.	1원	1	フイ-ドレル 現實と藝術
哲學論叢 (18)	伊藤省 譯	岩波書店	1928.11.20.	20전	1	ラスク 著
哲學論叢 (2)	池上謙三	岩波書店	1930.1.30.	45전	1	
哲學叢書					5	
楚辭集註					4	1帙
春秋	竹內照夫	日本評論社	1942.4.20.	1원 60전	1	東洋思想叢書
カントと現代の哲學	川合貞一	東光閣	1924.10.25.	1원 80전	1	
圃隱先生集					2	
韓非子	長興善郎	日本評論社	1942.3.20.	1원 60전	1	
韓非子					6	1帙
寒暄箚錄					1	第2卷
寒暄箚錄					2	第1卷 第3卷
ヘ-ゲル 復興	佐佐木隆彦	理想社	1931.6.1.	1원 20전	1	
現代思想より見たる老子と中庸	金子白慶	新生堂	1926.4.8.	1원 20전	1	
花潭集					1	
華嚴五敎章					3	
繪圖歷代神仙傳					1	1帙
欽欽新書					1	第2卷

문학

서명	저자명	발행소	출판연월일	정가	책수	비고
干家詩註釋					2	1帙
小松鳳松詩集	小松鳳松	朝鮮印刷	1938.12.1.	2원	1	
校正全圖東主列國志					7	1帙 上函
校正全圖東主列國志					8	1帙
俺は生きたい	水谷健行	橘書店	1941.6.30.	90전	1	
浪漫主義	小牧健夫	岩波書店	1933.7.5.		1	岩波講座 世界文學
ノイエ・ザハリヒカイト文學論	武田忠哉 譯	建設社	1931.8.20.	3원	1	

서명	저자명	발행소	출판연월일	정가	책수	비고
多山詩稿	朴榮喆	大東印刷所	1932. 5. 10.		1	
唐詩選講義	鹿島長次郎	興文社	1904. 11. 30.	35전	1	
大陸の言語と文學	奧返善雄	三省堂	1940. 12. 25.	2원	1	
ドイツ文章論	相良守峯	岩波書店	1941. 3. 13.	2원 20전	1	
東詩精選	田炳圭	新文館	1917. 5. 25.	60전	1	
杜少陵詩	張廷貴	上海 中華書局	1929. 12.	洋 3角	1	
杜詩					1	
晚夏	掘辰雄	甲鳥書林	1941. 9. 20.	2원	1	
明詩					1	
文心雕龍	梁劉勰	上海 掃葉山房			4	1帙
文藝の話	土岐善麿	東京朝日	1931. 3. 10.	60전	1	朝日常識講座 第8卷
星と東西文學	野尻抱影	研究社	1940. 4. 20.	2원	1	
ヴィヨン雜考	鈴木信太郎	創元社	1942. 9. 20.	2원 50전	1	
西廂記					3	1帙
西洋藝文雜考	京城帝大 法文學 部	刀江書院	1933. 12. 20.	3원	1	
世界文學					15	
世界文學全集					6	
世界戲曲全集					5	
セクスピア全集					20	
水沫集	森林太郎	春陽社	1910. 10. 5.	1원 50전	1	
スタンダアル	大岡昇平	創元社	1940. 8. 31.	85전	1	
時調類聚	崔南善	漢城圖書	1928. 4. 30.	1원 50전	1	
(詩集) 望鄕	金尙鎔	文章社	1939. 5. 1.	1원 40전	1	
新フランス文學	廣瀨哲士	東京堂	1930. 9. 10.	2원 50전	1	
歷代朝鮮文學精華	李熙昇 編	人文社	1938. 4. 30.	1원 20전	1	
英米文學語學講座					10	
詠詩帖	賴山陽	青木高山堂	1895. 5. 25.		1	
偉人元曉	張道斌	新文館			1	
歐洲文學發達史	外村史郎	鐵塔書院	1932. 10. 20.	1원	1	フリーチェ 著
尹文學史遺稿	尹瑢均	朝鮮印刷	1933. 3. 15.		1	
晉注杜少陵詩	沈歸愚	上海 文明書局			1	
二十一都懷古詩	光緖				1	
樗牛全集	姉崎正治 編	博文館	1925. 11. 25.		1	1卷
精校繪圖三國志演義					7	
精校繪圖三國志演義					7	1帙
朝鮮漫談	今村鞆	南山吟社	1928. 8. 20.	3원 50전	1	

서명	저자명	발행소	출판연월일	정가	책수	비고
支那文學藝術考	青木正兒	弘文堂	1942. 8. 10.	5원 50전	1	
支那藝苑考	八幡關太郎	古今書院	1939. 2. 18.	3원 50전	1	
重訂詩學含英		鑄記書局			1	
增像東周列國志					8	1帙 下卷
志賀直哉集	志賀直哉	改造社	1928. 7.		1	現代日本文學全集 25
疾風怒濤時代と獨逸文學	成瀬無極	改造社	1929. 12. 18.	2원 50전	1	
表現愛	木村素衛	岩波書店	1939. 9. 30.	2원	1	
佛蘭西廣文典	目黒三郎	白水社	1930. 1. 15.	3원	1	
漢文大系	三島毅	富山房	1911. 3. 12.	2원	1	
漢文大系	服部宇之吉	富山房	1910. 5. 20.	2원	4	
ヘルダーリンと詩の本質	齋藤信治 譯	理想社	1938. 3. 25.	60전	1	マルティンハイデッガー 著
ヘルデルリーンの生涯	渡邊格司	弘文堂	1940. 1. 30.	50전	1	
現代日本文學全集					10	
繪圖增像西遊記		上海 廣百宋齊	1891.		12	

언어학

서명	저자명	발행소	출판연월일	정가	책수	비고
ギリシャニ=ラテン講座	プラトン・アリストテレス學會 編	鐵塔書院	1932. 2. 15.	1원 50전	1	第1部 ギリシア (3)
ギリシャニ=ラテン講座	プラトン・アリストテレス學會 編	鐵塔書院	1931. 4. 25.	1원 50전	1	第1部 ギリシア (1)
露語眞髓	松田衛	橘書店	1942. 4. 30.	3원 50전	1	
ラテン語第一步	大村雄治	白水社	1940. 4. 1.	1원 50전	1	
蒙古語文典	小島武男	文求堂	1941. 1. 16.	1원 20전	1	
蒙古語四週間	竹内幾之助	大學書林	1942. 8. 30.	2원 50전	1	
文字類集					1	
西藏語文法	寺本婉雅	平樂社	1940. 10. 15.	4원 50전	1	
亞細亞言語集	廣部精	青山清吉	1892. 5. 9.	40전	1	上卷
亞細亞言語集	廣部精	青山清吉	1892. 5. 9.	40전	1	
言語文學論叢	京城帝大 法文學部 編	刀江書院	1932. 5. 12.		1	
言語の構造	泉井久之助	弘文堂	1939. 8. 16.	50전	1	
英獨露佛四國語對照文法	乾輝雄	富山房	1939. 7. 20.	4원	1	
英獨佛比較單語記憶法	乾輝雄	富山房	1936. 1. 16.	2원 20전	1	

서명	저자명	발행소	출판연월일	정가	책수	비고
韻字索引	岩平憲德	富山房	1937. 9. 18.	1원	1	
月印千江曲					2	
音韻論	有坂秀世	三省堂	1940. 12. 15.	3원 50전	1	
朝鮮古歌研究	梁柱東	博文書館	1942. 11. 25.	12원	1	
朝鮮語學史	小倉進平	刀江書院	1940. 5. 15.	7원 50전	1	
清獻遺言訓蒙疏義						
巴利語文典	立花俊道	丙午社	1924. 2. 1.	1원 50전	1	
訓蒙字會					1	
訓民正音	李肯鍾	東光堂	1932. 8. 20.	65전	1	

사회과학

서명	저자명	발행소	출판연월일	정가	책수	비고
大東亞古代文化研究	石井周作	建設社	1942. 12. 18.	2원 80전	1	
東亞文明の黎明	濱田靑陵	創元社	1939. 2. 15.	1원 20전	1	日本文化名著選
東亞の民族	橫尾安夫	理想社	1942. 10. 15.	3원 80전	1	
東洋文化史上の基督敎	溝口靖夫	理想社	1941. 3. 31.	3원 80전	1	
東洋民族と體質	谷口虎年	山雅房	1942. 8. 20.	1원	1	
滿洲古蹟遺聞	眞鍋五郎	亞細亞出版會	1938. 8. 20.	1원	1	
蒙古新話	細谷淸	滿蒙社	1942. 10. 3.	1원 60전	1	
民俗學	赤松啓介	三笠書房	1938. 5. 15.	80전	1	三笠全書
法規新選	任學宰	光東書觀	1909. 5. 20.	50전	1	
法規新選	任學宰	右文館	1909. 5. 20.	50전	1	
北東アジアの諸民族	山本幡男	中央公論社	1941. 8. 5.	1원	1	東亞新書
北滿民具採訪手記	染木煦	座右寶刊行會	1941. 5. 15.	2원 60전	1	
北方ツングースの社會構成	田中克己 等 譯	岩波書店	1941. 12. 16.	6원 50전	1	シロコゴルフ 著
ビーダーマィヤー文化	吹田順助	弘文堂	1939. 11. 15.	50전	1	敎養文庫 33
新舊刑事法規大全					1	
新舊刑事法規大全	張壽一	朴永祖	1907. 11. 20.	2원 60전	1	
神話と社會	國分敬治	創元社	1941. 6. 25.	1원 30전	1	
アラン藝術論集	桑〻武夫 譯	岩波書店	1941. 5. 10.	2원 60전	1	
アジア問題講座	矢部良策	創元社	1939. 12. 18.	1원 60전	1	民族·歷史篇
原始社會	岡田讓	弘文堂	1939. 8. 10.	50전	1	
六法全書	末川博	岩波書店	1930. 2. 15.	2원 20전	1	
六朝時代の藝術	梅澤和軒	アルス社	1928. 8. 15.	1원	1	アルス美術叢書
イタリアとドイツ	杉田益次郎 譯	淸閑舍	1943. 10. 20.	3원 40전	1	ヴェルフリン 著

서명	저자명	발행소	출판연월일	정가	책수	비고
印度支那の民族と文化	松本信廣	岩波書店	1942. 11. 30.	3원 50전	1	
日本古代文化研究	後藤守一	河出書房	1942. 4. 25.	6원 50전	1	
日本文化叢考	京城帝大 法文學部 編	京城帝大 法文學部	1931. 9. 15.		1	
日本の文化 黎明篇	後藤守一	葦牙書房	1941. 11. 15.	1원 90전	1	
日鮮神話傳說の研究	三品彰英	柳原書店	1943. 6. 15.	3원 90전	1	
朝鮮文化の研究	松月秀雄	朝鮮公民教育會	1937. 10. 25.	1원 80전	1	京城帝大 文學會 編
朝鮮の茶と禪	諸岡存	日本茶道社	1940. 10. 1.	3원		
朝鮮支那文化研究	京城帝大 法文學部 編	京城帝大 法文學部			1	
支那文化論叢	石田幹之助	生活社	1942. 6. 20.	5원 20전	1	
支那の神話	伊藤彌太郎	地平社	1943. 9. 20.	2원 11전	1	
支那の原始文化	三森完男	四海書房	1941. 11. 15.	1원 30전	1	
支那風物志	後藤朝太郎	大東出版所	1942. 5. 10.	2원 50전	1	東亞文化叢書 6
現代法學全集					5	
希臘神話	原隨園	弘文堂	1939. 3. 10.	50전	1	
希臘主義の東漸	村田淑之亮	創元社	1942. 8. 10.	1원 80전	1	

자연과학

서명	저자명	발행소	출판연월일	정가	책수	비고
朝鮮植物鄉名集	鄭台鉉 等	近澤書店	1937. 3. 25.	2원 50전	1	
Korean astronomy	W. C. Rufus	延禧專門 文科	1936.		1	
北滿の樹海と生物	パイコフ	大阪屋號	1943. 3. 30.	2원	1	
化學より観たる東洋上代の文化	近重眞澄	目黑書店		30전	1	教學新書, 第8
東洋鍊金術	近重眞澄	內田老鶴圃	1929. 4. 8.	2원 50전	1	
工業字解	石橋絢彦	工平學校 同窓會	1911. 1. 28.	1원 20전	1	
佛蘭西科學	日佛會館	岡書堂	1930. 11. 1.	2원 20전	1	

문고

서명	저자명	발행소	출판연월일	정가	책수	비고
改造文庫				各冊 1원 40전	2	
改造文庫				各冊 20전	2	

서명	저자명	발행소	출판연월일	정가	책수	비고
改造文庫				各冊 40전	4	
改造文庫				各冊 1원 20전	5	
改造文庫				各冊 80전	5	
改造文庫				各冊 1원	6	
敎養文庫					13	
東雲文庫					1	
富山房百科文庫					4	
世界文庫					1	
ツロモシリーズ					3	
新潮文庫					1	
岩波文庫				各冊 80전	19(17)	
岩波文庫				各冊 20전	39(124)	
岩波文庫				各冊 40전	58(65)	
岩波文庫				各冊 60전	66(57)	
岩波新書					23	
岩波全書					2	
朝鮮光文會本					35(30)	

기타

서명	저자명	발행소	출판연월일	정가	책수	비고
古文觀止					6	1帙
君台觀左右帳記硏究	松島宗衛	中央美術社	1931. 1. 12.	4원 50전	1	
茶飯更嚼	薛元植	小梧山房	1939. 11. 20.	2원	1	
東萊博議					4	1帙
反求堂叢書	薛元植	小梧山房	1939. 11. 13.	2원	1	學林小辯 統理 氣辯
性相學原論	松軒翁	三星社	1927. 4. 10.	6원 50전		
新體制國民講座					1	
深田康算全集					4	
夜雨秋燈火					7	5卷 缺
約章合編					2	上下
顔の形態美	西田正秋	聖紀書房	1942. 10. 30.	2원 50전	1	
今日の朝鮮問題講座	綠旗聯盟 編	綠旗聯盟	1939. 2. 20.		1	
五十年の回顧	朴榮喆	大阪屋號	1929. 9. 20.	2원 50전	1	
傳家寶全集					1	

서명	저자명	발행소	출판연월일	정가	책수	비고
情史					1	
雕虫					34	
廚川白村全集					6	
增廣一見哈哈笑					4	1帙
志異圖詠					3	
最近ドイツに於ける大學改造問題	上野直昭	岩波書店	1932. 11. 25.		1	岩波講座
忠烈偉勳錄	佐佐木一雄	皇軍發行所	1938. 7. 20.	1원 50전	1	
板木					1	
平林初之輔遺稿	平林駒子	平凡社	1932. 2. 12.	3원 80전	1	
海東升枝	宋淳燮	獎學社	1925. 4. 25.	1원 20전		
香籢集發微		上海北市 棋盤街 掃葉山房	1924.		1	
繪圖校正相理衡眞		錦章圖書局			5	1帙

사전

서명	저자명	발행소	출판연월일	정가	책수	비고
康熙字典		中華圖書館			6	1帙
康熙字典		中華圖書館			6	1帙
文藝辭典	神田豊穗	春秋社	1928. 7. 20.		1	大思想エンサイクロペヂア 第19卷
佛教大辭典	織田得能	大倉書店	1930. 2. 15.		1	
新版現代哲學辭典	三木清	日本評論社	1941. 3. 20.	5원	1	
岩波哲學小辭典	伊藤吉之助	岩波書店	1930. 3. 20.	7원	1	
朝鮮圖書解題	朝鮮總督府	朝鮮總督府	1919. 3. 31.		1	
中語大全	李祖憲	三中堂	1934. 10. 30.	1원 20전	1	

정기간행물

서명	저자명	발행소	출판연월일	정가	책수	비고
GAKuto					22	
改造					2	
建築雜誌					20	雜
考古學雜誌					14	雜
古學叢刊	北京古學院	京城印書局	1939. 11-1940. 7.		4	5, 7, 8, 9期

서명	저자명	발행소	출판연월일	정가	책수	비고
科學思想					12	
科學ペン					6	
科學畵報					9	
圖書					31	
獨逸語雜誌						2袋(薄)
東亞學					1	第3輯
東洋音樂硏究					7	
ロシア語					18	
滿洲史學					7	
目錄					30	
文藝					6	
文藝春秋					12	
Me Muse					9	
美術雜誌					6	雜
普專學會論集					3	
思想					86	
史學雜誌					2	
書物同好會冊子					15	
新東亞					9	
新興					6	(別冊 製本 1)
新興藝術					6	
アサヒカメラ					9	
理想					7	
日本評論					1	
日伊文化硏究					2	
朝光					9	
中國營造學社彙栞					5	
中央公論					6	
震檀學報					3	
創元					3	製本
書之友					1	
春秋					8	
フランス語					18	
形成					3	
畵說					7(6)	
기타 약 20책						製本

우현의 흔적들

*우현 선생은 미술사학자 이전에 전인적(全人的) 인문학자로서
비록 여기(餘技)이나마 그림과 글씨에 관한 뛰어난 면모를 보여 주었는데,
현재 남아 있는 소묘(素描)·유묵(遺墨)·육필원고(肉筆原稿)·유품(遺品) 등을 통해
그의 인문적 체취를 느끼고자 이곳에 정리하여 선보인다. —편집자

소묘(素描) 서른세 점

1. 자화상(自畵像).

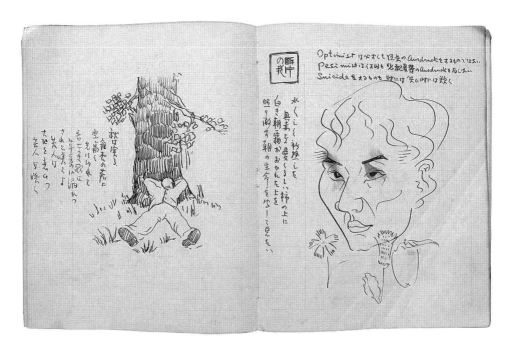

2. 일기장에 남긴 소묘와 시.(왼쪽)

秋は實る / 銀杏の蔭に / 空高く / 光はゆれて / 音き歌は / 草葉に漏れつ / されど嘆くよ /
若人は / 大地を恋いむつ / 若人は恋い嘆く

가을은 무르익네 / 은행나무 그늘에 / 하늘 높이 / 햇빛은 흔들리는 듯하고 / 소리 없는 노래는 /
풀잎에 새어 나오는 듯 / 그러나 슬프다네 / 젊은이는 / 대지를 사랑하건만 / 젊은이는 슬프다네

3. 일기장에 남긴 자화상과 단상.(오른쪽)

斷片の我 (단편의 나).

Optimistは必ずしも悅樂のausdruckをするものではない
Pessimistは何時も悲觀憂鬱のausdruckを存しない
Suicideをするものも時には笑む時には歎く

낙관론자는 반드시 기쁨이나 즐거움을 표현하지 않는다.
비관론자는 언제나 비관이나 우울을 표현하지 않는다.
자살을 꾀하는 자도, 때로는 웃고 때로는 슬퍼한다.

水くし―新熟した / 眞赤を愛くるしい柿の上に / 白き朝霜がおかれた上を /
照り激す朝の生命を寫-て見たい

물을 머금고 새로 익은 / 새빨간 사랑스러운 감 위에 / 새벽 서리가 내린 위를 /
햇살 받은 아침의 생명을 새겨 보고 싶구나.

4. 인물 소묘.

5-8. 인물 소묘들.

9-10. 인물 소묘들.

11. 풍경 소묘.

12. 개성부립박물관. 1933. 6. 17.(위)

13. 관덕정(觀德亭). 1933년경.(가운데)

14. 관덕정. 1933. 6. 17.(아래)

15-17. 풍경 소묘들.

18-20. 풍경 소묘들.

21-23. 풍경 소묘들.

24-26. 풍경 소묘들.

27-29. 풍경 소묘들.

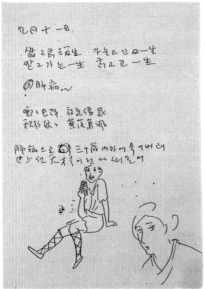

30. 일기장에 남긴 시와 소묘. 1928. 8. 26.(위)

狂風— / 暴風— / 쏟아지는 빗발에 /
여름이 쓸려 간 뒤에 // 회홀— / 호로로— /
가을이 몰려든다 / 하늘 높은 소리로 // 똑똑 똑똑— /
쓰르름 찍찍— / 漆夜를 서승지 않고 /
이 내 가슴에 가을이 든다.

31. 일기장에 남긴 단상과 소묘.(아래)

짧고 굵은 一生, 가늘고 긴 一生
짧고 가는 一生, 굵고 긴 一生

폐병(肺病)

卽卽虫麟 벌레들이 시끄럽게 울어대고
夜氣傷感 차가운 밤공기 마음마저 아프게 하네
秋犲耿耿 가을빛 깜빡거리고
葉落蕭颯 낙엽지니 차고 쓸쓸하다

폐병으로 삼십 세 내외에 죽어 버려
세상선 천재를 잃었다 떠들어

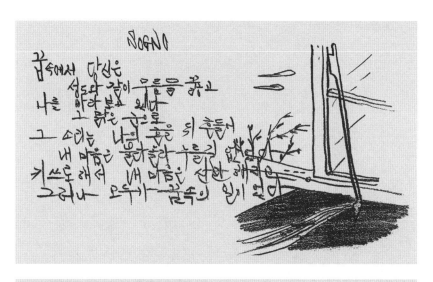

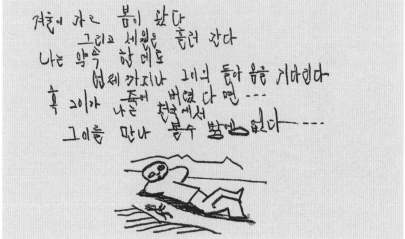

32. 소묘와 단상. (위)

Sogno(꿈)

꿈 속에서 당신은 / 성도와 같이 무릎을 꿇고 / 나를 바라보고 있다 /
그 맑은 눈으로 / 그 소리는 나의 혼을 뒤흔들어 / 내 마음은 불타올라 누를 길 없었다 /
키스로 해서 내 마음은 산란해지고 / 그러나 모두가 꿈속의 일이었다

33. 소묘와 단상. (아래)

겨울이 가고 봄이 왔다 / 그리고 세월은 흘러간다 / 나는 약속한 대로 /
언제까지나 그이의 돌아옴을 기다린다 / 혹 그이가 죽어 버렸다면… / 나는 천국에서 /
그이를 만나 볼 수밖에 없다…

유묵(遺墨) 두 점

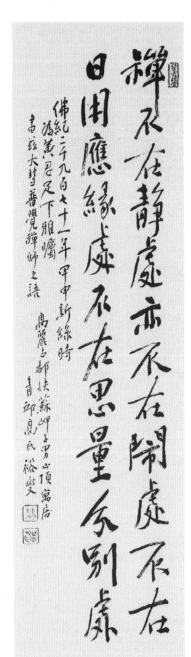

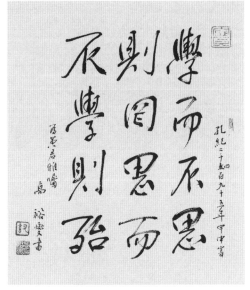

34. 고유섭이 제자 황수영(黃壽永)에게 써 준
대혜보각국사(大彗普覺禪師)의 어록. 1944.(왼쪽)
禪不在靜處 亦不在鬧處 不在日用應緣處
不在思量分別處(선은 고요한 곳에 있는 것도
아니요, 또한 시끄러운 곳에 있는 것도 아니며,
일상생활 속에 있는 것도 아니요, 생각하고
헤아려 분별한 곳에 있는 것도 아니다)
佛紀 二千九百七十一年 甲申 新綠時
爲黃君定下雅囑 書玆大彗普覺禪師之語
高麗古都 扶蘇岬 子男山頂 寓居
靑邱 高氏裕燮

35. 고유섭이 제자 황수영에게 써 준『논어(論語)』
「위정(爲政)」편의 한 구절. 1944.(오른쪽)
學而不思則罔 思而不學則殆(배우되 생각하지 아니하면
얻음이 없고, 생각하되 배우지 아니하면 위태롭다)
孔紀 二千四百九十五年 甲申嘗
爲黃君雅囑 高裕燮 書

육필원고(肉筆原稿) 일곱 점

36-37. 경성제대 졸업논문 「예술적 활동의 본질과 의의」. 1930.(위)

38-39. 미발표 유고(遺稿) 「미(美)의 신(神)과 미의 이데아」.(아래)

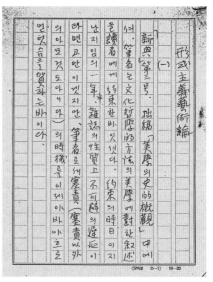

40-41. 미발표 유고 「미술계에 일제의(一提議)」. (위)
42-43. 미발표 유고 「형식주의 예술론」. (아래)

44. 「승(僧) 철관(鐵關)과
석(釋) 중암(中庵)」.
1937.8.(위)
45. 「귀대변(龜臺辯)—부(附).
광명(廣明)·일월(日月)
양사고(兩寺考)」.
1937.6.(가운데)
46. 미발표 유고 「불교예술사의
기초개념」.(아래)

유품(遺品) 열여덟 점

47-48. 벼루함.(위)
49-50. 석연(石硯)과 연개(硯蓋).(가운데)
51. 연적(硯滴).(아래)

52. 청자 당초문(唐草紋) 항아리.(위)
53. 청자 기름병.(가운데)
54. 필가(筆架).(아래)

55-58. 석인장(石印章)들. (위)

59-60. 인장함. (아래)

61-64. 석인장들.(위)
65. 청화백자 인주함.(아래 맨 왼쪽)
66. 석인장.(아래 왼쪽에서 두번째)
67. 목인장(木印章).(아래 맨 오른쪽)

사진과 함께 보는 고유섭 연보

1905(1세)

2월 2일(음 12월 28일), 경기도 인천군 다소면 선창리(船倉里) 용현(龍峴, 현 인천광역시 중구 용동 117번지 동인천 길병원 터)에서 부친 고주연(高珠演, 1882 – 1940), 모친 평강(平康) 채씨(蔡氏) 사이에 일남일녀 중 장남으로 태어났다. 본관은 제주로, 중시조(中始祖) 성주공(星主公) 고말로(高末老)의 삼십삼세손이며, 조선 세종 때 이조판서·일본통신사·한성부윤·중국정조사 등을 지낸 영곡공(靈谷公) 고득종(高得宗)의 십구세손이다. 아명은 응산(應山), 아호(雅號)는 급월당(汲月堂)·우현(又玄), 필명은 채자운(蔡子雲)·고청(高靑)이다. '우현'이라는 호는 『도덕경(道德經)』 제1장의 "玄之又玄 衆妙之門(현묘하고 또 현묘하니 모든 묘함의 문이다)"라는 구절에서 따온 것이고, '급월당'이라는 호는 "원숭이가 물을 마시러 못가에 왔다가 못에 비친 달이 하도 탐스러워서 손으로 떠내려 했으나, 달이 떠지지 않아 못의 물을 다 퍼내어[汲]도 달[月]은 못에 남아 있었다"는 고사(故事)에서 따온 것으로, 학문이란 못에 비친 달과 같아서 곧 떠질 듯하지만 막상 떠 보면 못의 물이 다해도 이루기 어렵다는, 학문에 대한 그의 겸손한 마음자세를 표현한 것이다.

1910년대초

보통학교 입학 전에 취헌(醉軒) 김병훈(金炳勳)이 운영하던 의성사숙(意誠私塾)에서 한학의 기초를 닦았다. 취헌은 박학다재하고 강직청렴한 성품에 한문경전은 물론 시(詩)·서(書)·화(畵)·아악(雅樂) 등에 두루 능통한 스승으로, 고유섭의 박식한 한문 교양, 단아한 문체와 서체, 전공 선택 등에 적잖은 영향을 주었을 것으로 생각된다.

1912(8세)

10월 9일, 누이동생 정자(貞子)가 태어났다. 이때부터 부친은 집을 나가 우현의 서모인 김아지(金牙只)와 살기 시작했다.

1914(10세)

4월 6일, 인천공립보통학교[仁川公立普通學校, 현 창영초등학교(昌榮初等學校)]에 입학

1-4. 우현 고유섭. 1930-40년대.

5. 보성고등보통학교 시절, 경주 불국사(佛國寺) 수학여행 중
다보탑(多寶塔)에서. 1922. 10. 8.
앞줄 오른쪽부터 장세림(張世臨), 박형종(朴衡鍾), 고유섭. 뒷줄 오른쪽부터
정문환(鄭文煥), 유원우(柳元佑), 유병민(劉秉敏), 최중갑(崔中甲).

6. 보성고등보통학교 시절, 금강산(金剛山) 수학여행 중 유점사(楡岾寺)에서. 1923. 10. 11.
탑에 기대서 있는 두 명 바로 뒤가 고유섭.

7. 보성고등보통학교 제3회 졸업사진.
1925. 3.
앞에서 네번째 줄 왼쪽에서
여덟번째가 고유섭.

했다. 이 무렵 어머니 채씨가 아버지의 외도로 시집식구들에 의해 부평의 친정으로 강제로 쫓겨나자 고유섭은 이때부터 주로 할아버지·할머니·삼촌 들의 관심과 배려 속에서 지내게 되었다. 이 일은 어린 고유섭에게 상당한 충격을 주어 그의 과묵한 성격 형성에 큰 영향을 끼쳤다. 당시 생활환경은 아버지의 사업으로 경제적으로는 비교적 여유로운 편이었고, 공부도 잘하는 민첩하고 명석한 모범학생이었다.

1918(14세)
3월 28일, 인천공립보통학교를 졸업했다.(제9회 졸업생) 입학 당시 우수했던 학업성적이 차츰 떨어져 졸업할 때는 중간을 밑도는 정도였고, 성격도 입학 당시에는 차분하고 명석했으나 졸업할 무렵에는 반항적이라고 기록되어 있다. 병력 사항에는 편도선염이나 임파선종 등 병치레를 많이 한 것으로 씌어 있다.

1919(15세)
3월 6일부터 4월 1일까지, 거의 한 달간 계속된 인천의 삼일만세운동 때 동네 아이들에게 태극기를 그려 주고 만세를 부르며 용동 일대를 돌다 붙잡혀, 유치장에서 구류를 살다가 사흘째 되던 날 큰아버지의 도움으로 풀려났다.

1920(16세)
경성 보성고등보통학교(普成高等普通學校)에 입학했다. 동기인 이강국(李康國)과 수석을 다투며 교분을 쌓기 시작했다. 이 무렵 곽상훈(郭尙勳)이 초대회장으로 활약한 '경인기차통학생친목회'〔한용단(漢勇團)의 모태〕 문예부에서 정노풍(鄭蘆風)·이상태(李相泰)·진종혁(秦宗爀)·임영균(林榮均)·조진만(趙鎭滿)·고일(高逸) 등과 함께 습작이나마 등사판 간행물을 발행했다. 이 무렵부터 '조선미술사' 공부에 대한 소망을 갖기 시작했다.

1922(18세)
인천 용동(현 중구 경동 애관극장 뒤)에 큰 집을 지어 이사했다. 이때부터 아버지와 서모, 여동생 정자와 함께 살게 되었으나, 서모와의 관계가 원만하지 못해 의기소침했다고 한다. 『학생』지에 「동구릉원족기(東九陵遠足記)」를 발표했다.

1925(21세)
3월 5일, 이강국과 함께 보성고보를 우등으로 졸업했다.(제16회 졸업생)
4월, 경성제국대학 예과 문과 B부에 입학했다.(제2회 입학생. 경성제대 입학시험에 응시한 보성고보 졸업생 열두 명 가운데 이강국과 고유섭 단 둘이 합격함) 입학동기로 이희승(李熙昇)·이효석(李孝石)·박문규(朴文圭)·최용달(崔容達) 등이 있다.
이강국·이병남(李炳南)·한기준(韓基駿)·성낙서(成樂緒) 등과 함께 '오명회(五明會)'를 결성, 여름에는 천렵(川獵)을 즐기고 겨울에는 스케이트를 탔으며, 일 주일에 한 번씩 모여

8. 경성세내 학우들과 함께. 1927. 1. 1.(위 왼쪽)
맨 오른쪽이 고유섭.

9. 경성제국대학 시절, 조선인 학생들과 함께. 1920년대 후반.(위 오른쪽)
첫째줄 왼쪽부터 서두수(徐斗銖, 英文), 주칭로(朱秤魯, 法),
최용달(崔容達, 法), 이희승(李熙昇, 鮮文), 고유섭(美), 둘째줄 왼쪽부터
한기준(韓基駿, 哲敎), 성낙서(成樂緒, 鮮史), 변정규(卞廷圭, 法),
김형철(金亨喆, 哲), 안용백(安龍伯, 倫), 송인정(宋仁楨, 英文),
윤용균(尹瑢均, 史), 셋째줄 왼쪽부터 한재경(韓載經, 倫),
김영준(金榮俊, 英文), 김용환(金龍煥, 英文).

10. 경성제국대학 시절, 교수 연구실에서. 1929.(아래)
왼쪽부터 고유섭, 다나카 도요조(田中豊藏) 교수, 미학연구실 동료
나카기리 이사오(中吉功), 우에노 나오테루(上野直昭) 교수.

민족정신을 찾을 방안을 토론했다.

이 무렵 '조선문예의 연구와 장려'를 목적으로 조직된 경성제대 학생 서클 '문우회(文友會)'에서 유진오(兪鎭午)·최재서(崔載瑞)·이강국·이효석·조용만(趙容萬) 등과 함께 활동했다. 문우회는 시와 수필 창작을 위주로 그 밖의 소설·희곡 등의 습작을 모아 일 년에 한 차례 동인지 『문우(文友)』를 백 부 한정판으로 발간했다. 1927년 제5호로 중단되기까지, 고유섭은 수필 「성당(聖堂)」 「고난(苦難)」 「심후(心候)」 「석조(夕照)」 「무제」 「남창일속(南窓一束)」 「잡문수필(雜文隨筆)」 「화강소요부(花江逍遙賦)」, 시 「해변에 살기」 「춘수(春愁)」, 시극(詩劇) 「폐허(廢墟)」 등을 발표했다.

12월, '경인기차통학생친목회'의 감독 및 서기로 선출되었다.

『동아일보』에 연시조 「경인팔경(京仁八景)」을 발표했다.

1926(22세)

이 무렵 미두사업이 망함에 따라 부친이 인천 집을 강원도 유점사(楡岾寺) 포교원에 매각하고, 가족을 이끌고 강원도 평강군(平康郡) 남면(南面) 정연리(亭淵里)에 땅을 사서 이사했다. 이때부터 가족과 떨어져 인천에서 하숙생활을 하기 시작했다.

1927(23세)

유진오를 비롯한 열 명의 학내 문학동호인이 조직한 '낙산문학회(駱山文學會)'에 참여하여 활동했다. 낙산문학회는 아베 요시시게(安倍能成), 사토 기요시(佐藤淸) 등 경성제대의 유명한 교수를 연사로 초청하여 내청각(來靑閣, 경성일보사 삼층 홀)에서 문학강연회를 여는 등 적극적인 활동을 벌였으나 동인지 하나 없이 이해 겨울에 해산되었다.

4월 1일, 경성제국대학 법문학부 철학과에 진학했다.(전공은 미학 및 미술사학) 당시 법문학부 철학과 교수는 아베 요시시게(철학사), 미야모토 가즈요시(宮本和吉, 철학개론), 하야미 히로시(速水滉, 심리학), 우에노 나오테루(上野直昭, 미학) 등 일본의 저명한 학자들이었는데, 고유섭은 법문학부 삼 년 동안 교육학·심리학·철학·미학·미술사·영어·문학 등을 수강했다. 도쿄제국대학에서 미학 전공 후 베를린대학에서 미학·미술사를 전공한 우에노 주임교수로부터 '미학개론' '서양미술사' '강독연습' 등의 강의를 들으며 당대 유럽에서 성행하던 미학을 바탕으로 한 예술학의 방법론을 배웠고, 중국문학과 동양미술사를 전공하고 인도와 유럽에서 유학한 다나카 도요조(田中豊藏) 교수로부터 『역대명화기(曆代名畵記)』 강독연습' '중국미술사' '일본미술사' 등의 강의를 들으며 동양미술사를 배웠으며, 총독부박물관의 주임을 겸하고 있던 후지타 료사쿠(藤田亮策)로부터 '고고학' 강의를 들었다. 특히 고유섭은 다나카 교수의 동양미술사 특강에 많은 영향을 받았다.

1928(24세)

4월, 훗날 미학연구실 조교로 함께 일하게 될 나카기리 이사오(中吉功)와 경성제대 사진실의 엔조지 이사오(円城寺勳)를 알게 되었다. 다나카 도요조 교수의 '동양미술사 특강'을

11-12. 고유섭의 경성제대 학적부.

첫 장 '기타'란의 "소화 2년(1927) 11월 10일 등학정지(登學停止, 제2기 수업료
미납), 소화 2년 11월 26일 우(右) 해제"라는 기록이 특이하다. 이 무렵 부친의
미두사업이 실패하여 집안사정이 어려워지자 그동안 살던 인천 집을 매각하고,
강원도 평강(平康)으로 이사하면서, 이때부터 고유섭은 가족과 떨어져 인천에서
하숙생활을 하기 시작했다. 둘째 장의 학과목 이수 표를 보면, '교육학개론'
'미학연습' '미학개론'은 우(優), '심리학실험연습' '철학연습' '심리학개론'
'심리학연습' '영어 후기' '지나철학사개설' '미학특수강의' '서양미술사'
'서양철학사개설' '미술사' '미술사특수강의'는 양(良), '교육사개설' '철학사개설'
'철학개론' '문학개론' '철학연습' '철학특수강의'는 가(可)를 받았고, '영어
전기'는 불가(不可)를 받아 재수강했음이 드러나 있다.

듣고 미학에서 미술사로 관심이 옮아가기 시작했다.

1929(25세)

10월 28일, 정미업으로 성공한 인천 삼대 갑부의 한 사람인 이흥선(李興善)의 장녀 이점옥 (李点玉, 경성여자고등보통학교 졸업, 당시 이십일 세)과 결혼하여 인천 내동(內洞)에 신 방을 차렸다. 졸업 후 도쿄제국대학 미학과에 들어가 심도있는 공부를 하려 했으나 가정 형편상 포기할 수밖에 없던 중, 우에노 교수에게서 새학기부터 조수로 임명될 것 같다는 언질을 받았다.

1930(26세)

3월 31일, 경성제국대학을 졸업했다. 학사학위논문은 콘라트 피들러(Konrad Fiedler)의 미 학에 관해 쓴 「예술적 활동의 본질과 의의(藝術的活動の本質と意義)」였다.

4월 7일, 경성제국대학 미학연구실 조수로 첫 출근했다. 이때부터 전국의 탑 조사 작업과 규장각(奎章閣) 소장 문헌에서 조선회화에 관한 기록을 발췌 필사하는 작업에 착수했고, 이는 개성부립박물관장 시절까지 계속되었다.

7월, 1929년 7월 경성제대 법문학부 출신들에 의해 창간된 학술잡지 『신흥(新興)』 제3호 에 미학 관련 첫 논문인 「미학의 사적(史的) 개관(槪觀)」을 발표했다. 이후 1935년까지 『신 흥』을 통해 조선미술에 관한 첫 논문인 「금동미륵반가상의 고찰」(제4호, 1931. 1)을 비롯 하여 「의사금강유기(擬似金剛遊記)」(제5호, 1931. 7), 「조선탑파(朝鮮塔婆) 개설(槪說)」(제 6호, 1931. 12), 「러시아의 건축」(제7호, 1932. 12), 「고려의 불사건축(佛寺建築)」(제8호, 1935. 5) 등을 발표했다.

7월 21일부터 8월 2일까지, 배편으로 인천을 출발하여 부산진을 거쳐 중국 상해·청도를 다녀왔다.

9월 2일, 아들 병조(秉肇)가 태어났으나 두 달 만인 11월 5일 사망했다.

1931(27세)

3월 20일부터 30일까지, 온양·보령·대천·청양·공주·자은·논산·김제·전주·광주·능 주·보성·장흥·강진·영암·구례 등지를 다니며 고적(古蹟) 조사를 했다.

5월 20일, 경성 숭이동(崇二洞) 67번지의 가옥을 매입하여 이주했다.

5월 25일, 며칠간 금강산 여행을 떠나 유점사(楡岾寺) 오십삼불(五十三佛)을 촬영했다.

12월 19일, 장녀 병숙(秉淑)이 태어났다. 이 무렵 진로를 고민하던 중 우에노 교수로부터 개성으로 가는 게 어떻겠냐는 권유를 받았다.

『동아일보』에 「신흥예술」(1. 24-28), 「「협전(協展)」 관평(觀評)」(10. 20-23)을 발표했다.

1932(28세)

11월 10일, 경성 숭이동 78번지의 셋방을 얻어 이사했다.

13. 고유섭과 이점옥(李点玉)의 결혼식.
1929. 10. 28.(위)
오른쪽에서 세번째가 장인 이흥선(李興善).
14. 가족과 함께. 1935년경.(아래)
왼쪽부터 부인 이점옥, 장녀 병숙(秉淑), 고유섭.

15. 경성제대 미학연구실 조교 시절,
우에노 나오테루 교수와 함께.
1930년대초.(위 왼쪽)
16. 경성제대 미학연구실 조교 시절,
다나카 도요조 교수와 함께.
1930년대초.(위 오른쪽)
17. 경성제대 미학연구실 조교 시절.
1930년대.(아래)
18. 경성제대 미학연구실 조교 시절,
경성제대 교정에서. 1933. 3.(p.199 위)
왼쪽에서 네번째가 우에노 나오테루 교수,
그 오른쪽이 고유섭, 맨 오른쪽이
나카기리 이사오.
19. 경성제대 시절 우에노 교수의 수업 모습.
(p.199 아래)

20. 개성부립박물관 앞에서. 1930년대.(위 왼쪽)
21. 개성부립박물관장 시절, 이화여전에 출강하며 소지했던
교원 신분증명서. 1941.(위 오른쪽)
22. 개성부립박물관 앞에서. 1930~40년대.(아래)
맨 오른쪽이 고유섭.

23. 개성부립박물관에서 열린 불상 안치식에서. 1933-1944.(위) 중앙의 스님 뒤쪽 왼편이 고유섭.
24. 지인들과 함께. 1930년대.(아래 왼쪽) 가운데가 고유섭.
25. 개성부립박물관 현관 앞에서. 1930-40년대.(아래 오른쪽) 가운데가 고유섭.

26. 개성부립박물관 전경. 1930년대.(위)

27. 개성부립박물관.(사진 엽서) 1930년대.(아래 왼쪽)

28. 개성부립박물관 앞에서 대학 친구 서병성(徐丙理, 왼쪽)과 함께. 1930-40년대. (아래 오른쪽)

29. 개성부립박물관장 시절, 개성부 박연리(朴淵里)에 위치한 대흥산성(大興山城) 북문루
성거관(聖居關)에서 지인들과 함께. 1930년대.(p.203 위) 가운데가 고유섭.

30. 개성부립박물관 사택(舍宅) 앞에서. 1930-40년대.(p.203 아래 왼쪽)

31. 개성부립박물관 집무실에서. 1930-40년대.(p.203 아래 오른쪽)

「고구려의 미술」(『동방평론』 제2호, 5월), 「조선 고미술에 관하여」(『조선일보』, 5. 13-15) 등을 발표했다.

1933(29세)
3월 31일, 경성제대 미학연구실 조수를 사임했다.
4월 1일, 후지타 료사쿠 교수의 추천으로 개성부립박물관 관장으로 취임했다.
4월 19일, 개성부립박물관 사택으로 이사했다.
10월 26일, 차녀 병현(秉賢)이 태어났으나 이 년 후 사망했다. 이 무렵부터 황수영(黃壽永, 도쿄제대 재학 중)과 진홍섭(秦弘燮, 메이지대 재학 중)이 제자로 함께하기 시작했다.
「현대 세계미술의 귀추」(『신동아』, 11월)를 발표했다.

1934(30세)
3월, 경성제대 중강의실에서 고유섭이 기획한 「조선의 탑파 사진전」이 열렸다.
5월, 이병도(李丙燾)·이윤재(李允宰)·이은상(李殷相)·이희승·문일평(文一平)·손진태(孫晉泰)·송석하(宋錫夏)·조윤제(趙潤濟)·최현배(崔鉉培) 등과 함께 진단학회(震檀學會) 발기인으로 참여했다.
10월 9일부터 20일까지, 『동아일보』에 「우리의 미술과 공예」를 열 차례에 걸쳐 연재했다. 이 글 중 '고려의 도자공예' '신라의 금철공예' '백제의 미술' '고려의 부도미술' 등 네 편은 『조선총독부 중등교육 조선어 및 한문 독본』 권4·5(1936-1937)에 재수록되었다.
『신동아』에 「사적순례기(寺跡巡禮記)」(8월), 「금강산의 야계(野鷄)」(9월), 「조선 고적에 빛나는 미술」(10월)을 발표했다.

1935(31세)
이해부터 1940년까지 개성에서 격주간으로 발행되던 『고려시보(高麗時報)』에 '개성고적 안내'라는 제목으로 고려의 유물과 개성의 고적을 소개하는 글을 연재했다.
「고려시대 회화의 외국과의 교류」〔『학해(學海)』 제1집, 1월〕, 「미(美)의 시대성과 신시대(新時代) 예술가의 임무」(『동아일보』, 6. 8-11), 「고려 화적(畵蹟)에 대하여」(『진단학보』 제3권, 9월), 「신라의 공예미술」〔『조광(朝光)』 창간호, 11월〕, 「조선의 전탑(塼塔)에 대하여」(『학해』 제2집, 12월) 등을 발표했다.

1936(32세)
가을, 이화여전(梨花女專) 문과 과장 이희승의 권유로 이화여전과 연희전문(延禧專門)에서 일 주일에 한 번(두 시간씩) 미술사 강의를 시작했다.
11월, 『진단학보』 제6권에 「조선탑파의 연구 1」을 발표했다. 이후 1939년 4월과 1941년 6월까지, 총 세 차례 연재로 완결되었다.
12월 25일, 차녀 병복(秉福)이 태어났다.

32. 개성 박연폭포(朴淵瀑布)에서. 1930년대 후반.

오른쪽에서부터 조경희(趙敬姬), 이정숙(李正淑), 김신실(金信實),

손인실(孫仁實), 원선희(元善喜), 노옥인(盧玉人), 고유섭,

정충량(鄭忠良), 이종서(李種瑞), 김상용(金尙鎔).

『동아일보』에 「고구려의 쌍영총(雙楹塚)」(1. 5-6)과 「고려도자(高麗陶瓷)」(1. 11-12)를, 『조광』에 「애상의 청춘일기」(9월)와 「정적(靜寂)한 신(神)의 세계」(10월)를 발표했다.

1937(33세)
「승(僧) 철관(鐵關)과 석(釋) 중암(中庵)」〔『화설(畫說)』 제8호, 8월], 「불교가 고려 예술의 욕에 끼친 영향의 한 고찰」(『진단학보』 제8권, 11월) 등을 발표했다.

1938(34세)
도쿄 후잔보(富山房)에서 출간한 『국사사전(國史辭典)』에 「안견(安堅)」 「안귀생(安貴生)」 「윤두서(尹斗緒)」 항목을 집필했다.
「소위 개국사탑(開國寺塔)에 대하여」(『고고학』 제9권, 9월), 「고구려 고도(古都) 국내성(國內城) 유관기(遊觀記)」(『조광』 제4권 제9호, 9월), 「전별(餞別)의 병(瓶)」(『경성대학신문』, 12. 1) 등을 발표했다.

1939(35세)
2월, 김연만(金鍊萬)·이태준(李泰俊)·김용준(金溶俊)·길진섭(吉鎭燮) 등에 의해 창간된 월간 문예지 『문장(文章)』에 「청자와(靑瓷瓦)와 양이정(養怡亭)」을 발표했다. 이후 1941년 4월 폐간될 때까지 이 잡지를 통해 「화금청자(畫金靑瓷)와 향각(香閣)」(제1권 제3집, 1939. 4), 「팔방금강좌(八方金剛座)」(제1권 제7집, 1939. 9), 「박연설화(朴淵說話)」(제1권 제8집, 1939. 10), 「신세림(申世霖)의 묘지명(墓誌銘)」(제2권 제5집, 1940. 5), 「거조암(居祖庵) 불탱(佛幀)」(제2권 제6집, 1940. 7), 「인왕제색도(仁王霽色圖)」(제2권 제7집, 1940. 9), 「인재(仁齋) 강희안(姜希顔) 소고(小考)」(제2권 제8-9집, 1940. 10-11), 「유어예(遊於藝)」(제3권 제4호, 1941. 4) 등 굵직한 논문들을 발표했다.
10월 5일, 첫 저서인 『조선의 청자(朝鮮の靑瓷)』를 일본의 호운샤(寶雲舍)에서 출간했다. 『조선명인전(朝鮮名人傳)』(전3권, 조선일보사) 중 「김대성(金大城)」 「안견(安堅)」 「공민왕(恭愍王)」 「김홍도(金弘道)」 「박한미(朴韓味)」 「강고내말(强古乃末)」 을, 『세계명인전(世界名人傳)』(조선일보사) 중 「고개지(顧愷之)」와 「오도현(吳道玄)」을 집필했다. 그 밖에 「선죽교변(善竹橋辯)」(『조광』 제5권 제8호, 8월), 「삼국미술의 특징」(『조선일보』, 8. 31), 「나의 잊히지 못하는 바다」(『고려시보』, 8. 1) 등을 발표했다.

1940(36세)
만주 길림(吉林)에서 부친이 별세했다.
일본학술진흥회(日本學術振興會)에서 발간하는 『영문대일본백과사전(英文大日本百科辭典)』에 「조선의 조각」과 「조선의 회화」 항목을 집필했다.
「조선문화의 창조성」(『동아일보』, 1. 4-7), 「조선 미술문화의 몇낱 성격」(『조선일보』, 7. 26-27), 「조선 고대의 미술공예」〔『모던 일본(モダン日本)』 조선판 11권 9호, 8월], 「말로의 모

33. 개성부립박물관장 시절 지인들과 함께. 1940. 12. (위) 맨 왼쪽이 고유섭.

34. 고희동(高義東) 개인전에서. 1940. 11. (아래)

앞줄 왼쪽부터 장석표(張錫豹), 이해선(李海善), 이승만(李承萬), 최우석(崔禹錫), 고희동,
노수현(盧壽鉉), 이봉영, 이종윤, 이건혁, 뒷줄 왼쪽부터 고흥찬, 이태준(李泰俊),
윤희순(尹喜淳), 김규택(金奎澤), 김용준(金瑢俊), 길진섭(吉鎭燮), 임학수,
안석주(安碩柱), 이용우(李用雨), 고유섭, 전순택.

35. 경주 불국사(佛國寺) 석굴암(石窟庵)에서. 1941.4.(위)
맨 왼쪽이 고유섭, 오른쪽에서 두번째가 황수영(黃壽永), 네번째가 전재규.

36. 개성 만월대(滿月臺)에서. 1930~40년대.(p.209 위)
왼쪽부터 전재규, 고유섭, 진홍섭(秦弘燮), 박민종.

37. 개성 현화사비(玄化寺碑) 답사에서. 1930년대.(p.209 아래 왼쪽)
왼쪽부터 고유섭, 김경배, 황수영.

38. 연백(延白) 강서사(江西寺) 칠층석탑 앞에서. 1930~40년대.(p.209 아래 오른쪽)
왼쪽부터 고유섭, 황수영, 김경배.

방설(模倣說)」(『인문평론』 제3권 제9호, 10월) 등을 발표했다.

1941(37세)
6월, 이 무렵, 자본을 댄 고추 장사의 실패로 큰병을 앓았다.
7월, 『개성부립박물관 안내』라는 소책자를 발행했다. 혜화전문학교에서 「불교미술에 대하여」라는 강연을 했다.
9월, 이 무렵 간장경화증 진단을 받고 이후 병세가 점점 악화돼 갔으며, 삼화병원의 의사 박병호(朴炳浩)가 종종 내진했다.
『춘추(春秋)』에 「약사신앙(藥師信仰)과 신라미술」(제2권 제2호, 3월), 「조선 고대미술의 특색과 그 전승문제」(제2권 제6호, 7월), 「고려청자와(高麗靑瓷瓦)」(제2권 제10호, 11월)를 발표했다.

1943(39세)
6월 10일, 일본 도쿄 문부성(文部省) 주최로 열린 일본제학진흥위원회 예술학회에서, 지금까지 조선탑파에 관해 연구한 최종 성과라 할 수 있는 「조선탑파의 양식변천」을 발표했다. 이 논문은 『일본제학연구보고(日本諸學研究報告)』 제21편(예술학)에 수록되었다. 이때 도쿄에서 경성제대 미학연구실 동료 나카기리 이사오와 우에노 교수를 방문했다.
「불국사의 사리탑」〔청한(淸閑)〕 15책〕을 발표했다.

1944(40세)
6월 26일, 간경화로 사망했다. 묘지는 개성부 청교면(靑郊面) 수철동(水鐵洞)에 있다.
7월 9일, 황수영·진홍섭 등 제자, 유족, 지인들이 모여 추도회를 가졌다.

1946
생전에 『고려시보』에 연재했던 개성 관련 글들을 중심으로 출간을 위해 수정·보완·교정까지 마쳐 놓았던 원고가, 제자 황수영에 의해 『송도고적(松都古蹟)』으로 박문출판사에서 출간되었다.(이후 거의 대부분의 유저가 황수영에 의해 출간되었다)

1947
『진단학보』에 세 차례 연재했던 「조선탑파의 연구」를 묶은 『조선탑파(朝鮮塔婆)의 연구』가 을유문화사에서 출간되었다.

1949
미술문화 관계 논문 서른세 편을 묶은 『조선미술문화사논총(朝鮮美術文化史論叢)』이 서울신문사에서 출간되었다.

39. 별세 후 개성부립박물관 앞에 차려진 빈소 풍경. 1944. 6.(위)
40. 별세 이 주 후에 열린 추도회. 1944. 7.(아래)
영정 바로 왼쪽이 진홍섭, 그 왼쪽 뒤가 황수영,
영정 오른쪽이 부인 이점옥, 그 앞이 차녀 병복(秉福).

1954

『조선의 청자』(1939)를 제자 진홍섭이 번역하여, 『고려청자(高麗靑瓷)』라는 제목으로 을
유문화사에서 출간했다.

1955

12월, 미발표 유고인 「조선탑파의 양식변천」(1943)이 제자 황수영에 의해 『동방학지(東方
學志)』 제2집에 번역 수록되었다.

1958

미술문화 관련 글, 수필, 기행문, 문예작품 등을 묶은 소품집 『전별(餞別)의 병(甁)』이 통
문관에서 출간되었다.

1963

앞서 발간된 유저에 실리지 않은 조선미술사 논문들과 미학 관계 글을 묶은 『한국미술사
급미학논고(韓國美術史及美學論考)』가 통문관에서 출간되었다.

1964

미발표 유고 『한국건축미술사(韓國建築美術史) 초고(草稿)』(등사본, 고고미술동인회)가
출간되었다.

1965

생전에 수백 권에 이르는 시문집에서 발췌해 놓았던 조선회화에 관한 기록이 『조선화론집
성(朝鮮畵論集成)』 상·하(등사본, 고고미술동인회) 두 권으로 출간되었다.

1966

2월, 뒤늦게 정리된 미발표 유고를 묶은 『조선미술사료(朝鮮美術史料)』(등사본, 고고미술
동인회)가 출간되었다.

1967

3월, 미발표 유고 『한국탑파의 연구 각론 초고』(등사본, 고고미술동인회)가 김희경(金禧
庚)에 의해 번역 출간되었다.
8월, 미발표 유고 「조선탑파의 양식변천(각론 속)」이 황수영에 의해 『불교학보(佛敎學報)』
제3·4합집에 번역 수록되었다.

1974

6월 26일, 삼십 주기를 맞아 한국미술사학회에서 경북 월성군 감포읍 문무대왕 해중릉침

(海中陵寢)에 '우현 기념비'를 세웠고, 인천시립박물관 앞에 삼십 주기 추모비를 건립했다.

1980
이희승·황수영·진홍섭·최순우(崔淳雨)·윤장섭(尹章燮)·이점옥·고병복 등의 발의로 '우현미술상'이 제정되어, 김희경이 제1회 우현미술상을 수상했다. 이후 1999년까지 정영호(제2회)·안휘준(제3회)·정명호(제4회)·조선미(제5회)·강경숙(제6회)·홍윤식(제7회)·장충식(제8회)·김재열(제9회)·김성구(제10회)·장경호(제11회)·김임수(제12회)·김동현(제13회)·이재중(제14회)·김정희(제15회)·이성미(제16회)·박방룡(제18회) 등이 이 상을 수상했다.

1992
9월, 문화부 제정 '9월의 문화인물'로 선정되었다. 인천의 새얼문화재단에서 고유섭을 '제1회 새얼문화대상' 수상자로 선정하고 인천시립박물관 뒤뜰에 동상을 세웠다.

1993
2월 4일, 부인 이점옥 여사가 별세했다. 6월, 통문관에서 『고유섭 전집』(전4권)이 출간되었다.

1998
제1회 전국박물관인대회에서 고유섭을 '자랑스런 박물관인' 상 수상자로 선정했다.

1999
7월 15일, 인천광역시에서 우현의 생가 터 동인천역 앞 대로를 '우현로'로 명명했다.

2001
10월 27일, 한국민예총 인천지회 주최로 우현 고유섭을 기리는 제1회 우현학술제 「우현 고유섭 미학의 재조명」이 인천문화예술회관 국제회의실에서 열렸다. 이후 이 학술제는 「한국예술의 미의식과 우현학의 방향」(제2회, 2002. 10. 25, 인천대 학산도서관), 「초기 한국학의 발전과 '조선'의 발견」(제3회, 2003. 11. 27, 인하대 한국학연구소), 「실증과 과학으로서의 경성제대학파」(제4회, 2004. 12. 2, 인하대 정석학술정보관), 「과학과 역사로서의 '미'의 발견」(제5회, 2005. 11. 25, 인하대 정석학술정보관), 「이방의 눈으로 조선을 보다, 인천을 보다」(제6회, 2006. 12. 1, 인천문화재단), 「인천, 다문화의 산실」(제7회, 2008. 12. 11, 삶과 나눔이 있는 터 해시) 등의 주제로 열렸다.

2003
11월, 우현상 위원회에서 시상해 오던 우현미술상을 한국미술사학회에서 계승하여 새로

이 '우현학술상'을 제정했다. 제1회 우현학술상 대상은 문명대가, 우수상은 김영원이 수상했다. 2005년부터는 이 상을 인천문화재단에서 주관해 오고 있으며, 학술상과 예술상 두 개 분야로 확대하여, 지금까지 우현학술상은 심연옥(2006), 미학대계간행회(2007), 박은경(2008), 최완수(2009), 이태호(2010), 권영필(2011)이, 우현예술상은 이세기(2005), 이은주(2007), 극단 '십년후'(2008), 이종구(2009), 이재상(2010), 이가림(2011)이 수상했다.

2005
8월 12일, 고유섭 탄생 백 주년을 기념하여 인천문화재단에서 국제학술심포지엄 「동아시아 근대 미학의 기원」과 「우현 고유섭의 생애와 연구자료」전(인천종합문화예술회관)을 개최했다.
8월, 고유섭의 글을 진홍섭이 풀어 쓴 선집 『구수한 큰 맛』이 다할미디어에서 출간되었다.

2006
2월, 인천문화재단에서 2005년의 심포지엄과 전시를 바탕으로 고유섭과 부인 이점옥의 일기, 지인들의 회고 및 관련 자료들을 묶어 『아무도 가지 않은 길』을 출간했다.

2007
11월, 열화당에서 2005년부터 기획한 '우현 고유섭 전집'(전10권)의 일차분인 제1·2권 『조선미술사』 상·하, 제7권 『송도의 고적』을 출간했다.
12월 12일, 서울 소공동 롯데호텔에서 '우현 고유섭 전집' 일차분 출간기념회를 가졌다.

2010
2월, 열화당에서 '우현 고유섭 전집'(전10권)의 이차분인 제3·4권 『조선탑파의 연구』 상·하, 제5권 『고려청자』, 제6권 『조선건축미술사 초고』를 출간했다.
3월 13일, 열화당 '도서관+책방'에서 '우현 고유섭 전집' 이차분 출간기념회와 「고유섭 아카이브를 준비하며」전을 개최했다.

2012
6월, 김세중기념사업회에서 '우현 고유섭 전집' 출간의 공로를 인정하여 제15회 한국미술저작·출판상을 열화당 발행인에게 수상했다.

2013
3월, '우현 고유섭 전집' 삼차분으로 제8권 『미학과 미술평론』, 제9권 『수상·기행·일기·시』, 제10권 『조선금석학 초고』를 출간함으로써, '열화당 이백 주년 기념사업'의 하나로 '우현 고유섭 전집' 열 권을 완간했다.

찾아보기

又玄 高裕燮 全集

1. 朝鮮美術史 上―總論篇 2. 朝鮮美術史 下―各論篇 3. 朝鮮塔婆의 研究 上―總論篇
4. 朝鮮塔婆의 研究 下―各論篇 5. 高麗靑瓷 6. 朝鮮建築美術史 草稿 7. 松都의 古蹟
8. 美學과 美術評論 9. 隨想·紀行·日記·詩 10. 朝鮮金石學 草稿

又玄 高裕燮 全集 發刊委員會

자문위원 황수영(黃壽永), 진홍섭(秦弘燮), 이경성(李慶成), 고병복(高秉福)
편집위원 제1, 2, 7권―허영환(許英桓), 이기선(李基善), 최열, 김영애(金英愛)
          제3, 4, 5, 6권― 김희경(金禧庚), 이기선, 최열, 이강근(李康根)
          제8, 9, 10권―정영호(鄭永鎬), 이기선, 최열, 이인범(李仁範)

朝鮮金石學 草稿 又玄 高裕燮 全集 10

초판발행 2013년 3월 15일 발행인 李起雄 발행처 悅話堂
경기도 파주시 문발동 520-10 파주출판도시 전화 (031)955-7000, 팩스 (031)955-7010
www.youlhwadang.co.kr yhdp@youlhwadang.co.kr
등록번호 제10-74호 등록일자 1971년 7월 2일
편집 조윤형 백태남 이수정 박미 박세중 북디자인 공미경 엄세희
인쇄·제책 (주)상지사피앤비

* 값은 뒤표지에 있습니다.

ISBN 978-89-301-0441-8 978-89-301-0290-2(세트)
Published by Youlhwadang Publishers.
The Complete Works of Ko Yu-seop Volume 10:
A Draft of Korean Epigraphy
ⓒ 2013 by Youlhwadang Publishers. Printed in Korea.

이 도서의 국립중앙도서관 출판시도서목록(CIP)은
e-CIP 홈페이지(http://www.nl.go.kr/cip.php)에서 이용하실 수 있습니다.
(CIP제어번호: CIP2013000295)

*이 책은 '하나은행' 'GS칼텍스재단' '인천문화재단'으로부터
출간비용의 일부를 지원받아 제작되었습니다.